甄知 编著

掌控时间

你的时间 80% 都用错了

中国商业出版社

图书在版编目(CIP)数据

掌控时间／甄知编著. -- 北京 ：中国商业出版社，2021.10

ISBN 978-7-5208-1756-1

Ⅰ. ①掌… Ⅱ. ①甄… Ⅲ. ①时间-管理-通俗读物 Ⅳ. ①C935-49

中国版本图书馆 CIP 数据核字(2021)第 174376 号

责任编辑：谭怀洲　王彦

中国商业出版社出版发行

010-63180647　www.c-cbook.com

(100053　北京广安门内报国寺 1 号)

新华书店经销

三河市众誉天成印务有限公司印刷

* * * * *

880 毫米×1230 毫米　32 开　6 印张　116 千字

2021 年 10 月第 1 版　2021 年 10 月第 1 次印刷

定价：36.00 元

* * * * *

(如有印装质量问题可更换)

前言

忙！忙！总是忙个不停！一年只有 365 天，一天只有 24 小时。为什么你总是在忙碌？忙得青丝里生出了些许华发，忙得岁月在额头留下了深深的痕迹，忙得忘记了自己还有多少时间可以用于工作。但为什么有人却总是很轻闲？为什么你耕耘了却收获甚微？为什么轻闲的人在娱乐中却收获了累累硕果？

答案很简单，对前者来说，他们的时间 80% 都用错了。宝贵的时间，在看似忙碌中匆匆流走，只留下了身心俱疲的你。

懂得掌控时间，学会时间管理可以解决这个问题。通过决定如何以及何时做事情，能够帮助你利用时间。时间管理并不意味着一种苛刻的生活方式，相反它让你更自由地从事生活中的重要事务。

由于时间管理可以帮助你明确要做的事情以及有效利用时间，因而时间管理有利于效率的提高；同时，你也会得到更多的休息娱乐时间——养精蓄锐，以更好的状态面对生活。

时间管理就是一门让生活和工作井然有序的艺术。只要你愿意，掌控时间其实并非难事。

为了给广大读者提供管理时间的方法技巧，我们精心编写本书，希望对那些有志于管理时间的人们有所帮助。

本书主要阐述了你不了解的时间管理误区、克服拖延是时间管理的重要任务、把握时间管理的原则、学习经典时间管理的方法、充分学习和利用时间管理工具、执行自己的时间管理方法等内容。

读完本书后，你不仅会更有效地利用时间，同时还会发现可支配的时间不知不觉变多了。本书会让时间成为你最好的朋友。

在信息化社会，时间变得极其宝贵。时间就是金钱，时间就是力量，时间就是速度，时间就是生命。有了时间就有了成功的机会，有了时间就可以丰富人生。

2021 年 7 月

目录

第一章

你的时间，是如何用错的

忙？是真的吗

“我太忙了，一点时间都没有！”这是生活中很多人经常挂在嘴边的一句话。因为没有时间，无法好好陪伴在家人身边，享受悠闲温馨的家庭生活；因为没有时间，无法好好照顾年迈的父母；因为没有时间，也无法好好陪小孩玩玩骑马打仗、捉迷藏什么的，听听他们快乐天真的笑声；因为没有时间，更无法和许久不见的闺密好好聚聚，聊聊最近过得可好。

在这个竞争和压力越来越大的社会，人们确实很难找到时间来做自己想做的事情，即便有很多美妙设想，因为没有时间也可能被搁置了。

这就奇怪了，大家同样拥有一年 365 天，一天 24 小时，一小时 60 分钟，一分钟 60 秒，一直以来都是这样，但很久以前人们并不抱怨时间太短，甚至还能看到大家经常聚在一起泡茶、聊天，只因时间太多，必须打发打发才行，可为什么现在大家却天天嚷嚷着一点儿时间都没有呢?

如今，“时间就是金钱！”“时间就是生命！”“时间就是效率！”的口号到处飘散着，不停地提醒着大家，“一定要好好珍惜宝贵的时间”“不能浪费每一分钟”。可问题是我们已经将脚步加快到快喘不过气来了，就连刷牙、洗澡、吃饭也是讲求效率的，搞得自己筋疲力尽、精神紧绷、暴躁易怒、未老先衰、闷闷不乐，但为什么还是没有时间呢？

问题在于：你到底在忙什么？在有限的时间内，你做了多少真正有价值的事情？很可能你连一件也想不起来——总是没时间的原因在于，我们忘记了为自己安排时间去做那些真正重要的事情。

小米与好友笑笑坐在一起聊天，笑笑问道："你的博客一直没有更新，你怎么不写东西了？"

小米回答："哎呀，我哪有时间啊。"

笑笑说："你总是没时间，上次去你家，你家乱得跟猪窝一样，问你为什么不打扫，你说没时间；你说要进修英语，可我从来没见过你看书；你已经好久没有跑步了，你的借口永远是没时间。"

小米听着笑笑的话惊呆了：对啊，为什么我没有时间？

她想了一下自己天天都在做什么：早上6：50起床，早饭、上班、午饭、午休、上班、下班、晚饭、上网聊天，这是自己每天的基本生活规律。或许每日稍有不同，即将上网聊天换成玩游戏或是网购。至于周末，基本上是睡懒觉、玩游戏、逛超市。没时间学习，没时间写东西，自己竟然每天都在懒散地过日子，但是却好像永远都没时间一样。

很多人在谈起自己为何不做某事时，都会拿"没时间"来当借口：有客户要沟通，有工作要忙，有家庭要照顾。反正一句话：“我想做的事情太多了，可是我没有时间。”

在这个世界上，总还有那么一些人能在追求所谓的功名之外，跳出自己，在百忙之中挤出一些时间，做自己感兴趣的事。比如世界织布业的巨头威尔福莱特·康。

威尔福莱特·康用了40年的时间，艰苦奋斗，终于使自己成为织布行业的巨头。如果说他是世界上最忙的人也许并不夸张。曾经，他也是一个兴趣爱好极其广泛的人，可是，因为忙于事业，他无法抽出更多的时间去做自己喜欢的事。

事业在一天天地扩大，威尔福莱特也一天天地变老了，他发现自己除了会挣钱，没有任何乐趣可言。他开始懊恼，最后终于下定决心：“我一直很喜欢画画，但从未学过油画，我不敢相信自己花了力气便会有很大的收获，但是无论作多大的牺牲，每天一定要抽出一小时来画画。”

这一个小时是他从自己的睡眠中挤出来的，他每天不到5点就起床，在随后的一小时里，专心致志地画画。他一直这样坚持下来，几年过去了，他取得了令人吃惊的成果。他的油画在画展上频频出现，得到了人们的认可，其中有几百幅画以高价被买走。他还多次举办个人画展。他把卖画的全部收入设为奖学金，奖励那些优秀的学子。他表示：“捐这点钱算不了什么，但我从画画中获得了巨大的乐趣，才是最重要的。”

从威尔福莱特·康的身上我们不难看出，一个人即使工作再忙，也还是能挤出时间来做自己想做的事的。关键在于，你是不是意识到了你一定要做点什么。

现在总结一下“我没时间”的原因，大概有以下几点：

（1）将时间当精力

你每天在办公室要待上 10 个小时以上，但是，其中有1/3的时间你都在做与工作无关的事，比如网络聊天、打私人电话、浏览一些无关紧要的网页……你没有付出全部的精力。

（2）受他人影响

我们总能在一些媒体上看到那些成功人士：他们一手提着公文包，一手不停地接打电话，急匆匆地穿梭于人群中间，好像只有这样，才能被称为成功。于是，在这种群体氛围之下，你被影响了：没时间是成功的特征之一，只有这样，才会觉得自己仿佛真的成功了。

（3）态度上的问题

喜欢将那些容易做、喜欢做的事情先做完，然后，在接下来的几个小时之中，不得不去应付那些自己想逃避的、不愿意做的事情。于是，在一天中相当长的一段时间里消极工作，并告诉自己“没时间”。

（4）过于焦虑

一个总是说自己“没时间”的人通常是焦虑的，他们不愿意面对自己，同时还乐于用外在的忙碌来逃避内心的焦虑与不自信。

没时间的你，现在是否得到一点启发了？为了找到自己的生活幸福感与职业成就感，我们应该让自己学会“有时间”才对。

闲暇时间，你用对了吗

实际生活中，有些人闲暇时间太多了，整天无所事事。在时间管理中，有个“三八理论”：意思是每个人都有 8 小时工作，8 小时的业余时间，8 小时睡觉。人与人之间的不同，主要在于业余时间的这 8 个小时的利用方式不同。

那些在事业上有所成就的人，都有一个成功的诀窍：变“闲”为“忙”，也就是不偷清闲，不贪逸趣。爱因斯坦曾组织过享有盛名的“奥林比亚科学院”，每晚例会，与会者总是手捧茶杯，边饮茶，边议论，后来相继问世的各种科学创见，有不少产生于饮茶之余。据说，茶杯和茶壶已列为英国剑桥大学的一项“独特设备”，以鼓励科学家们充分利用闲暇时间，在饮茶时沟通学术思想，交流科技成果。

那些忙得不可开交的人会在闲暇时间里积极开创自己的“第二职业”。富兰克林的许多电学成就是当印刷工人时从事“第二职业”的成果。哥白尼的正式职业是大主教秘书和医生，而创立太阳系学说却成为他“第二职业”的研究课题。在概率论、解析几何等方面有卓越贡献的费尔马，他的第一职业是法国图卢西城的律师，而数学则是他的“第二职业”。

在生活中，有各种各样的度过闲暇时间的方式。有人利用闲暇时间博览群书，遨游在知识的海洋中；有人利用闲暇时间进行美术创作，摸索篆刻艺术，构思长篇小说，让思维张开想象的翅膀……

当然，也有一些人把他们的闲暇时间都用在了一些消极活动上，而没有在消极与积极活动之间找到良好的平衡。

什么活动属于消极的呢？消极活动的主要特征为：不具备挑战性、没有目标、不能激励人、单调、千篇一律、没有创新性。在生活和工作中主要有以下一些消极活动：

（1）无谓的来往。偶尔一次不必要的来往浪费的时间和精力或许不大，但经常有不必要来往将会浪费大量的时间和精力。有些人过于好客，门户大开带来了过多的应酬，必然会浪费掉大量的时间和精力。

（2）无谓的聊天。无谓的聊天会浪费很多时间和精力。

（3）清闲。偶尔的清闲是一种有益的放松，你可以趁这个时间去旅游、度假。但如果经常清闲，就是浪费时间和精力了。在激烈的社会竞争中，一个清闲的人往往意味着贫困，一旦碰到大的灾难，就会陷入巨大的痛苦之中。可见，竞争迫使人们不能清闲。

（4）常做白日梦。白日梦实际上就是空想，或者说无谓的幻想。有些人经常沉迷于无谓的幻想，浪费了大量的时间和精力，严重影响心身健康及事业发展。那些能够掌控时间的人常会大胆想象，但更多的是冷静地思考一个个有关发展的问题，绝不会花费时间和精力去做白日梦。

（5）懒惰或无所事事。每个人都有惰性。冬天里，躺在藤椅上晒着太阳，暖洋洋的真是不想起来；炎炎夏日，坐在树荫下与三五好友聊天，仿佛总也聊不完；不愿工作或沉迷于娱乐厅中流连忘返，致使好多应该做的事情没有做，使本应成功的人平平淡淡。其根本原因，就是懒惰。

如果一天的时间排得满满的，让工作量饱和，你就会在忘我的工作中改掉懒惰的毛病。有的人在工作中，稍有压力就放下不干了或等待明天再干，这样一拖再拖，就有很多事情被拖下来，而时间却无声无息地流走了。

（6）做事马马虎虎不认真，实际用于办事的时间和精力并不多。有些人看起来是在工作或学习，但实际上满脑子都在想着打游戏、电视剧等，这怎么可能有好的效率呢？

（7）吃饭花费了大量的时间和精力。很多人每天从做饭到吃饭，花费了大量的时间和精力。比如，有的人每顿饭炒一个菜、做个汤就可以了，而有的人每顿饭都要炒三四个菜，还要做两个汤，加上买菜的时间，每顿饭就要花费两三个小时。有的人一边吃饭一边看电视，吃一顿饭需要一个多小时。

如果能将一生当中用于吃饭节约下来的时间用于学习、工作或运动，那一定会有很大的进步。

（8）看电视太多。尽管看电视可以学到一些知识、了解一些信息及得到一些快乐，但专家们仍然坚持认为，每天看 1 小时电视比较合理，超过 1 小时就属于浪费时间和精力了。很多青少年喜欢看电视，一看就是几个小时，既浪费了时间和精力，又容易养成懒惰、拖拉的习惯，还会影响身体健康。

中国人民大学生活时间课题组通过调查表明，我国城镇居民的日平均闲暇时间为 6 小时 25 分，其中看电视的时间为

3 小时 38 分，占闲暇时间的 56.6%；而在休息日，看电视的时间达到 4 小时 39 分，占闲暇时间的 52.5%。而从学历看，看电视的时间与学历绝对相关，学历越高者看电视的时间越少。这说明很多人确实为看电视浪费了大量时间和精力。

（9）沉溺于安乐之中，花费了过多的时间和精力。有的人一旦享受起来，就流连忘返。例如，看球赛或参加一些娱乐活动，觉得没什么好看了，但还是忍不住看下去；聊天时，话题不太有趣，却又舍不得离开；有的人一坐上舒服的椅子，就会有迟迟不想站起来的感觉，因而在有意或无意中浪费了不少时间和精力；有的人安于享受，不愿意努力工作和学习。

只有适当控制，保持一定的时间和精力发展事业，才能够较好地发展事业及享受较好的生活。

（10）睡得过多。有些人喜欢睡懒觉，或者在潜意识里希望睡多一点，因此，只要睡得略少一些，他们就会产生不良的反应。这些人应改正必须睡多的观念，否则，即使睡得很多，仍然会感到没睡够而无精打采。

不论睡得时间长短，都要让自己对自己的睡眠感到满意才可以。即使睡得时间少，但自我感觉不错，那就是好的。如果自我感觉不良，那就说明睡不好。

很多成功人士的睡眠时间并不太多，却能够保持良好状态，是因为他们善于利用小睡。在疲劳的时候，躺下来小睡 15～20 分钟，就可消除很多疲劳并恢复精力，非常有效率。如果一天能安排两次 20 分钟的小睡，那么晚上睡 5 个小时都不会影响一整天的精神状态。

（11）经常喝酒。喝较多的酒既会损害健康，又会花费大量的时间和精力，也使人神经麻木、反应迟钝。因此，建议午餐一般不要喝酒，即使是有应酬，也最好不要喝酒，因为下午还要工作或学习。晚餐可以适当喝点酒，但也不要太多；否则，会使晚上的学习、工作大受影响，还可能影响到睡眠质量。

（12）吸烟。抽烟的人会花时间买烟、买打火机、清理烟灰缸等，抽烟时浪费的时间更长，有人一天要抽一两包，每次花掉5分钟，你可以算一下，一两包烟，浪费了多少时间呢？如果将这些时间用于学习、工作、娱乐、运动或享受生活，那一定会有全新的感觉。

上述种种消极活动，不仅是在浪费时间和生命，而且是在自毁前程。

大多数人属于没有社会关系，没有金钱、没有社会地位，需要自己去打拼。只要能够把大把的时间妥善利用好，就会拥有一切。时间管理比金钱更重要，那些不幸失去了全部金钱的人，还能再去赚，而失去了全部时间的人，就意味着生命的终结，一切归零。

效率真的高于一切吗

有些人视时间为敌人，认为在他们所有的对手中，时间是最残酷的敌人。这种人的行为特征有以下两种：

(1) 为自己设定难以完成的时限，总想打破纪录或刷新纪录。例如，这种人在开车上班时，喜欢寻找捷径，以便创造纪录。对这种人来说，节省下来的一点时间好像能积蓄下来变成法宝似的。

(2) 凡是约定时间的场合，会以早到而感到胜利，以迟到而感到沮丧。这种胜利或沮丧的感觉，是针对时间的早晚而产生的，并不是因为时间的早晚所导致的后果而产生的。例如，每次开会的时候，有些人总是早到，喜欢坐在会议室里等候其他与会者的到来。如果不是先到，或者被一些事情耽搁了几分钟，就会感到很沮丧，就好像打输了一场仗似的。

视时间为敌人的人，洋溢着突破障碍的竞争精神。不过，当一个人的心理经常处于竞争状态时，就难以充分体会经验、成就或喜乐。管理者视时间为敌人，就是重效率而不重效能。效率基本上是一种投入——产出的概念。当管理者能以较少的投入获得同等或较多的产出时，则被视为富有效率。

自从泰勒倡导科学管理以来，效率的概念不但家喻户晓，而且逐渐成为鉴定好坏与判别对错的价值尺度，甚至在若干场合中还被当作一种追求的目标。效率之所以受到如此重视，恐怕应归功于管理学界对它不遗余力的研究与追求。从早期的动作研究、时间研究与工作设计到近期的作业研究、计划审核术等技术性探索，无一不是致力于提高效率。在可支配的时间极度匮乏的情况下，讲求效率是明智和必要的，因为效率的提高足以减少时间的浪费。可是，为了将效率的提高足以减少资源的浪费变成事实，管理者仍要讲求效能。所谓效能，是指适合目标的设定，以及为完成特定目标所需的适合手段的选择。有效能的管理者不但能够制定适合的目标，而且能够选择适合的手段以完成既定目标。譬如当普通手机已处身于生命循环的成熟期，而智能机正方兴未艾时，若管理者仍选定普通手机为目标产品，那么不论其生产效率有多高，这种产品肯定要滞销。这样的管理者是无效能可言的。再如，某女性化妆品公司销售部的管理者为了推销化妆品，在某一电视节目中做广告。如果该节目不受广大女性欢迎，这种广告肯定无法实现促销的目的，这样的广告是无效能可言的。上述实例显示，倘若管理者只讲求效率而不讲求效能，则会因为目标无法实现而导致严重的资源和时间浪费。

令人遗憾的是，只讲求效率而忽视效能的管理者却比比皆是。当代著名管理学者彼得·杜拉克针对这种情况，在1966年撰写了《有效的主管》一书，呼吁管理者重视效能。在这本书中，他简明扼要地指出：效率是以正确的方式做事，而效能则是重视做正确的事。这两句名言，很值得管理者思考。

还有一些管理者只强调效能而忽视效率。如有些企业为了提高士气，管理者不惜代价地要求冗员提前退休。这在短期内很容易收到预期效果，但从长远看则极可能导致员工人人自危，致使士气反而较前低落，效果并不理想。

由此可见，效率与效能不应偏废，但这并不意味着效率与效能具有同样的重要性。管理者固然期望能同时拥有效率与效能，但在效率与效能无法兼得时，管理者正确的做法是先着眼于效能，然后再设法提高效率。

工作狂，长时间沉溺于工作

有些人视时间为奴隶，这样的人最关心的是如何最大限度地利用好时间，如何管理好时间。他们能够长时间地沉迷于工作，成为所谓的工作狂。

在众多机构中，许多管理者的工作时间都很长，而且职位越高者工作时间就会越长。职场中有一种说法：一位基层的管理者如果能在 8 小时内做好一天的事，他已算是一位能干的人物。但是一位高层的管理者如能在 10 小时甚至 12 小时内做好一天的事，则他应被视为特别杰出的俊才。

是否职位越高的管理者，他的工作时间就应该越长呢？许多人对这个问题都给予了肯定的答复，认为当一个人在组织中职位上升得越高，工作越重要，其责任越重大，所以工作时间自然延长了。可是，也有一些人对这个问题做出了否定答复，或许更加令人信服：当一个人在组织中职位升得越高，上级授予他的权力越大，供他差遣的员工也就越多，因此，工作时间不应随职位的升高而增加。

据有关部门统计调查显示，在很多单位，每周工作时间超过 55 小时，甚至 60 小时的管理者大有人在。令人感到不可思议的是：这些长时间工作的人大多数都不认为自己工作时间过长。对于有些管理者而言，可能只有等到突发心脏病、老婆闹离婚时，才突然意识到自己的工作时间有点长了。

偶尔的长时间工作并不足以产生不良后果，但是经常性的长时间工作就会有很多不良后果。以下几种不良后果很值得管理者注意：

（1）效率快速下降

研究发现，每天的工作时间一超过 8 小时，则工作效率将会快速递减。倘若这些研究的结果是可信的，那么每周工作时间最好不要超过 48 小时。

（2）容易养成拖延的习惯

长时间工作的人，容易养成拖延的习惯。许多管理者对工作常有这样的想法：白天做不完也无所谓，晚上还可以做；平时上班时间做不完也不要紧，周末还可以做，于是本来 8 小时可以做好的事被拖延到了 11 小时才完成，5 天可以做好的事被拖延到 7 天才完成。这种情况应验了帕金森所提出的帕金森定律。即如可供完成工作的时间为 8 小时，则工作将在 8 小时内完成；如可供完成工作的时间被增加到 10 小时，则同样的工作将改在 10 小时内完成。

（3）容易导致工作的失败

长时间工作可能导致工作的失败。管理学者约瑟夫·崔岂特曾经对一些管理者在事业上的成败进行研究，发现成功的管理者与失败的管理者的差别在于：后者随时愿意为工作而牺牲家庭。即忽视家庭而过度强调工作的管理者，其工作终究会不佳。这也就是为何一些机构会强迫员工定期休假、限制加班次数或加班时数，或是不准累积假期的原因。

时间是与生俱来的，它像空气一样支持着每一个人的生存，又像手或手指头那样供大家用于多种不同的用途。因此，只要我们不对时间抱任何成见，或加诸任何价值判断，而视之为中性资源，那么就可能对它进行比较有效的运用。

浪费时间最多的原因是什么

时效中心主席拉利·贝克博士认为，很多人在时间管理上浪费时间最多的原因是时断时续的工作方式。

有些人的身上会有这样一种不良的工作习惯，即实施一个项目，干了一段时间，就中途搁置下来，又重新开始另一件事。这样做的主要原因是因为他在遇到障碍或问题之前努力工作，一旦遇到障碍或问题，不是想办法冲破障碍或者解决问题，而是用逃避的方式去做另一件事。他们只喜欢做简单和熟悉的事情，因为他们害怕失败。

然而，他们最终还是要回到这些项目上，原先所谓的困扰或问题仍然需要解决……时断时续是造成时间浪费和工作效率低下的最主要原因。这种不良的工作方式会消耗掉大量时间和精力，因为重新工作时，还需要花时间调整大脑及注意力，才能在曾经停止的地方继续做下去。毕竟能够立刻找出中断的地方，马上接上原来的思路的人是不多的。

我们可以先看一下石匠是怎么敲开一块大石头的。

石匠所拥有的工具只不过是一把小铁锤和一把小凿子，

可是大石头却硬得很。当他举起锤子重重地敲下第一击时，没有敲下一块碎片，甚至连一丝凿痕都没有。可是他并不在意，继续举起锤子一下又一下地敲，100 下、200 下、300 下，大石头或许会纹丝不动，上面可能依然没出现任何裂痕。

石匠丝毫没有懈怠，继续举起锤子重重地敲下去。路过的人看他如此卖力却不见成效，还继续硬干，都笑他傻。可是石匠并未理会，他知道虽然自己所做的目前还没看到成效，但是那并不表示没有进展。他又继续敲下去，不知敲了多少下，终于看到了成效，整块大石头裂成了两半。难道说是他最后那一击，才使得这块石头裂开的吗？当然不是。

这个故事告诉我们的道理就是：只要我们能够坚持不懈地做事情，别浪费时间，就像石匠的那把小铁锤，敲碎一切横在我们职场路途上的巨大石块，我们就一定会成功。

鉴于这种情况，我们必须找出克服工作中时断时续的低效率现象的方法，尽量避免或减少停顿。

1. 尽可能在较长的时段内安静地工作

假如你手头的工作需要高度集中精神，你要学会在长达几个小时的大段时间内工作，这时你最需要的是安静的环境，比如把手机设成静音状态，或者关上房门在门口贴上“请勿打扰”等字样的纸条。

如果你总感觉周围似乎存在着一些干扰，那么你最好在公司以外的地方另找一个工作场所。因为这样可以避免别人打断你的工作，你也就不必把时间耗费在重新集中精神上。

2. 雇一名效率高的秘书

防止工作时断时续的最佳方法，是在你自己和经常打断你工作的人之间安置一个人，他最好是经老板同意并由老板指派的人。逐客或者避而不见，可能会让你感到很不好意思，但是犹犹豫豫、拖泥带水带来的却是比浪费时间更坏的结果。当你有了效率高的秘书后，这位秘书会安排别人在什么时候来找你，解决这些“干扰源”。

3. 改变用电话的方式

电话的出现为人们的生活和工作提供了方便，但有时过多的电话却会妨碍人们的工作。电话铃声一响非接不可，结果思路往往被打断。电话的负面效应有时是我们无法想象的，甚至有人说电话是造成精神紧张、误解、纠纷、效率低下的原因之一。如果我们换一个思考的角度来处理这一难题，让电话为你提供方便而不是干扰你，电话的积极作用就得到充分的显现了。

千万不要成为电话的奴隶，要把电话作为有用的通讯工具来使用。避免电话干扰的方法之一，是电话不直接接入你的办公室，这样可以有效地避免不必要的干扰。

另外，争取在清晨开始工作。时间效率专家们发现清晨工作时较少受干扰，而且效率是一天当中最高的。如果在清晨开始工作，你会发现你那一天干劲特别足，工作效率就会提高。

你热衷做无关紧要的事吗

不懂时间管理的人，在日常的工作中，经常把时间花在一些无关紧要的事情上，而最应花时间的任务却往往因为时间不够而无法按时完成。比如，每天都要召开几次漫无目的的会议；参加一些不必要的会见；乱放重要文件致使在需要时却找不到；还没结婚的男孩女孩去参加有关超生罚款的会议；老总热衷于复印或打字的工作等。

再比如，习惯性拖拉。对于一些自己不太擅长的事情喜欢拖拉，擅长的事情又因为过于追求完美而不断修改，也变得拖拉。口头上的时间浪费：总是废话连篇，一句话说清楚的事情，非要说上几分钟；热衷于闲聊和吃请；不期而遇的街头闲聊；接待不速之客的访问；电话交谈越扯越远。不仅如此，有些管理者还喜欢凡事都要自己亲自去过问、查询甚至动手操作。

可能很多人都会觉得，不论是东拉西扯的电话，还是意外来访的不速之客，或是漫长而毫无意义的会议，都是工作的一部分内容，不可避免。而实际上，这些看似与工作息息相关的事情，很可能恰恰是与工作毫不相干的事情，而我们努力地去完成这些事情的同时，恰恰也是在浪费时间。

或者，你还可能这样想：这些事情就算不是很紧急很重要，可怎么能说是无关紧要的呢？比如接听电话，这些来电很可能就牵扯到公司的重大项目的谈判和进程；再比如漫长的会议，正是因为会议中需要讨论的事情很多，而这些事情又很重要，所以，为了寻求一个最合适、最完美的解决方式，我们才不得不拖延了会议的时间……

可实际上呢？30 分钟的电话沟通中，你真的都在谈论公司的事务吗？最终有对这件事情得到确切的消息吗？漫长的会议里，公司又真的对某件重大事情做了具体的结论吗？真的将一些计划指派到专门的部门，从而将事情顺利解决了吗？是不是大多数时候都是得不到确定答案的？既然如此，这些事情就是在做无用功，就是无关紧要的。

面对这样的情况，你要先花上几分钟时间厘清一下思路，确定哪些工作是必要的，是必须要做的，而哪些工作是完全无关紧要的。是将其屏蔽掉，还是继续着无关紧要的事情来浪费工作时间呢？我想大家都需要认真考虑一下。

无论怎么样，你都应该考虑一下为什么总是在做些无关紧要的事情。有些人可能会觉得，明明我们每天都在认真工作，每一秒都在进行着工作中的事务，怎么会做无关紧要的事情呢？造成我们浪费时间的原因又有哪些呢？通常来说，造成这种情况的原因及改进建议有以下几点：

（1）习惯性拖延。

（2）职责权限不清，工作内容重复。

（3）事必躬亲，亲力而为。

（4）沟通不良。

（5）工作时断时续。

擅长处理以上问题的人，必定在工作中能够得心应手，对于工作中可能出现的各种突发情况都有一定的处理经验，也就能够避免总是在做无关紧要的事情，从而达到高效利用时间的结果，工作进度也就得以大大提升。

做无关紧要的事情会有什么影响呢？

（1）常常被影响思路。

（2）工作效率大大降低。

（3）目标不明确。

（4）做事缺乏轻重缓急的顺序。

（5）紧急重要的工作不能按时完成。

（6）没有时间分配的原则。

怎样避免总是做些无关紧要的事情呢？

（1）明确目标。

（2）有计划、有组织地进行工作。

（3）分清工作的轻重缓急。

（4）合理地分配时间。

（5）与别人的时间取得协作。

（6）制定规则、遵守纪律。

如果我们一直处于麻木的时间感觉中，换句话说，当你觉得时间可有可无，不愿面对工作中的具体事务，喜欢沉溺于"天上掉馅饼"的美梦，那就需要好好反省自己了，因为你随时在浪费宝贵的时间！

总是被临时事件牵着鼻子走

我们的日常工作并不是一成不变的，我们所规划好的日常事务也不是永久的，事实上，我们的计划经常被打乱，我们正在做的事情也经常会被打断。因为我们生活在社会中，总是要跟不同的人打交道，这就决定了我们的时间有一部分是被别人决定的，这就是在工作中经常出现的意外临时事件。

这些意外出现的临时事件中，有不少是领导吩咐下来的，于是大多数时候，我们便迫不及待地先去完成这些事情，然后再回来继续自己的工作，结果一天下来又堆积了不少未完成的工作。对此，我们的理由仍然是：工作量太大了，事情太多了，所以，在 8 小时内我没有办法做完这么多事情。

但是，真的是工作任务太多，时间太少吗？这个时候，不妨看看身边的同事，难道他们没有被安排临时事件？难道大家都跟自己一样，没日没夜地加班，依旧没能完成手中的工作？如果不是，那么，我们就要从自身来找原因了：这些临时事件中，真的是每一件都很紧急而且很重要，必须要当下去完成的吗？难道就没有可以往后拖延处理的？相信大家的答案都是肯定的，那么，在接手这些临时事件的时候，我们就要首先确认这些工作，是必须急着去完成的还是可以延后处理的。

赵丹进入公司以来，也有半年的时间了，渐渐熟悉了自己的工作流程和相关业务，于是，被指派的工作也多了起来。又因为办公桌靠近刘经理办公室，于是经常在工作中，听到刘经理在隔壁喊："小赵，帮我到前台去拿一份快递。""小赵，帮我冲杯咖啡。""小赵……"于是，赵丹不得不放下手中的工作，去做刘经理交代下来的临时任务。这样，一天下来，自己的工作中不知道被夹杂了多少临时事件，不仅工作思路一而再再而三地被打断，而且要花费更多时间再次进入状态；不仅被临时事件占用了不少时间，使得自己手头的工作没有时间去完成，而且工作效率大大降低。

在赵丹的计划中，打算周一早晨在办公室完成一个采购计划，但周六晚上领导给她打电话说："小赵，下周一到河北出趟差，搞定×××项目。"这时候赵丹能怎么办呢？难道要告诉领导："对不起，我打算下周一写采购计划的，你应该在我上周制订这个计划的时候通知我！"那么领导大概会告诉她："对不起，我的公司不需要你这样的人。"所以，赵丹不得不应下去出差的事务，那么写采购计划的构想便要被延迟，而这件事情本来是决定在下周解决完毕的。赵丹为此烦躁不已。

赵丹想起自己同一办公室的王丽凡，两人差不多时间进入公司，最初，他也跟自己一样忙碌，但是，熟悉之后，人家几乎就没再加过班，每件事情也完成得井井有条，尤其，他也有跟自己一样的状况，时常被领导安排一些临时事件。于是，赵丹决定打电话向他请教。

王丽凡说："在接手临时事务的时候，你有没有确认过，这些事情，是不是眼下必须要去完成的，还是可以往后拖延一段时间的？如果是可以拖延的，那就等到自己手头的工作告一段落时，再去做也不迟呀。"

赵丹似乎有点明白自己忙碌不堪的原因了，于是，按照王丽凡的提醒，她将这几天接到的临时事件整理了一下，果然发现有好多事情是可以往后拖延几天的，而自己却当时就急急忙忙去做了，自然浪费了不少工作时间。

于是，在接下来的工作中，当赵丹再接到临时事务的时候，先确认是否需要立即去做，然后根据具体情况来安排工作的进度，果然节约了不少时间，再也不用每天都加班了。

在工作中，总是会遇到这样那样的意外突发事件，有些事很紧急，是需要我们立即着手去做的，当然，还有一部分是不紧急的，不需要我们放下手头的工作去处理，这样的工作我们就可以往后拖延几天，等手头的工作告一段落后再去处理，这样便可以节约来回奔波的时间，也不必担心工作思路随时被打断，效率自然会大大提高。

遇到临时事件的时候，若总是想着先去处理该件事情，便会被临时事件牵着鼻子走，正在进行中的事件被打断思路不说，进入新的事件状态也需要一段时间，这样便会浪费好多时间，致使紧急的工作任务因为时间不够而无法完成。所以，在被插入临时事件的时候，我们必须要先确认该事件是否可以延后处理。那么，什么样的临时事件需要立即着手去做，而什么样的事情可以延后处理呢?

当临时突发事件预计完成时间在两分钟之内的话，还是应该立即去完成它，比如说:

（1）打一个回访电话。

（2）给老板冲一杯咖啡。

（3）到隔壁办公室取一份文件。

（4）让×××编写项目计划。

我们将临时事件分为四类：重要而且紧急、重要但是不紧急、不重要但是紧急、不重要而且不紧急。这四类事件中，急需我们去处理的自然是重要而且紧急的临时事件，不重要但是紧急的事情也需要我们适时放下手头的工作，先去处理。而剩下的两类，则是可以拖延处理的。对于不需要立即去处理的事件，就可以把它当作一般 stuff 放进待办文件夹，继续手头的工作。

第二章

掌控时间，从时间管理开始

管理时间就是管理好自己

新加坡女作家尤今为什么能有那么多丰富的作品呢？这完全得益于她能够理智地限制自己、管理好自己。

尤今已经出版过几十套书，作品风靡新加坡及中国，但让人费解的是，这位既担任教职，又有三个孩子的作家，怎么还能有如此旺盛的精力和时间来创作呢？

原来，尤今从来都不看电视，也不看电影，平常更不逛街、不参加任何应酬，每天一下班就立即回家，将自己“囚禁”起来，开始写作。

尤今说：“一进家门，我便把自己变成一只蜘蛛。文字是丝，我用丝来织网，勤奋而苦心地织，我有一种快乐绝顶的感觉。在整个编织的过程中，我用耐性和韧性，将千丝万缕的细丝织成疏密有致的网。然后，我再以我的感情和经验，为这张网的雏形设计独特的图案。”

有人因此评论尤今说：“她既是一位纺织美丽文字之网的作家，又是一个不断吮吸知识甘泉的读书狂。她像蚕一样发狂地吞食，再努力地消化。”

尤今这种专注的能力，使她成为一个不轻易向现实低头的人，也因此能在文学殿堂中取得令人敬佩的成绩。

限制自己、管理好自己，其实是一种非常勇敢的行为。因为它不仅能测试一个人的意志力，还能表现出一个人是否能充分地运用时间。

限制自己、管理好自己，借时间管理改变自己既有的习惯，让自己做事更有效率与成效，这就达到了学习时间管理的目的。因此，搞好时间管理，主要取决于个人的自我管理能力。

那么该如何限制自己、管理好自己呢？根据一些专家及成功人士的建议及经验，我们整理出了以下步骤。

步骤一：战胜自己，从自律开始。

美国可口可乐公司前董事长兼执行长罗伯托·古兹维塔，这位掌权16年让公司规模扩大3倍的可乐教父，年轻时能一连5小时把自己锁在房间里读书，不理走道上的喧闹，不念完书绝不踏出房门。他的大学同学也以“苦力”形容这位传奇人物专注的个性。

陈家声说：“自我管理可以说就等于自律。”也许你也早已发现，为什么类似情节总会出现在成功者的故事中？每个人都有惰性，所以头脑必须清楚，自己在为谁辛苦为谁忙。陈家声说：“你必须先说服自己，对自己严格要求是为自己好。”同时，还要学会多给自己一点自信。自信的建立可以仰赖“个人账户”的储蓄。生活管理专家西恩柯维在其著作《与青春有约》中建议，人的自信可以像银行账户一样，借由思想、言语和行为随时储蓄。其中，存款项目包括“对自己守信、在小事上行善、对自己好一点、诚实做人、更新自己、开发天赋”等六项，反之则成为提款项目。西恩柯维说：“长时间从事小额存款，最后你一定会找回自信。”

步骤二：为自己设定目标，管理目标。

彼得·杜拉克在回忆录中，非常感谢年幼时的一本练习簿，这本练习簿让他终身受用。每个月，彼得·杜拉克的小学老师都会交给他一本练习簿，让他在上面写下每学期的长期和短期目标，然后一一记录他希望做到及实际做到的情形，再进一步检讨、改进。彼得·杜拉克戏称，在往后的日子里，他都“滥用”这种名为“回馈分析法”的技巧。“立下目标并组织思考，照着这种有计划、有目标的方式前进。”他提及，练习簿至少让他度过中学的留级危机，及在半工半读的环境下获得博士学位。

很多人不是缺少目标，而是目标过于遥远而让自己无所适从。所以，目标不仅要明确，而且要把目标剖析为许多小单位，专心地一次完成一个，逐步达到目标。

所有信义房屋的员工手中都有一本“成功护照”。在护照上，员工不仅能列出自己每年、每月、每周的目标，护照旁也列下公司的长远目标以及各阶段业绩奖励标准。信义房屋董事长周俊吉解释道：“目标清楚，员工的努力方向才能与公司目标一致。”

这些做法其实也就是企业常使用的“设定目标、拟订策略、执行及检讨”的目标管理。但套用在个人身上，基本原则都一样。

步骤三：选对自己擅长的事情。

自我管理必须选择自己擅长的战场。彼得·杜拉克更是一针见血地指出："一个人的精力必须用在自己擅长的事物上。"对于无能为力的领域，就不必徒耗精力。

彼得·杜拉克建议，当你每次采取重要行动前，都事先写下你所预期的结果。最后，将实际成果与当初的预期相互比较。他说："就能显示出哪些地方你并不特别高明。"

自谦没有运动神经的经理，也曾经不惜重金聘请名师、买昂贵的球具练习高尔夫。"没天分，球具、球鞋还是放起来好。"他笑说，还是将精力专注在擅长及有兴趣的事物上比较正确。

步骤四：找出适合自己的方法。

掌握适合自己的方法才更有效。京华钻石董事长柯朝祥仅有小学文化程度，但他是个用笔随时记录并学习的人。无论是平时阅读，还是听演讲，柯朝祥总是拿着笔随时做笔记，将每一句他听过的名言佳句都记录下来。不仅如此，他还会将这些内容录下来，让自己闲暇时也能学习。他说："记忆力没别人好，我就靠记录。"

每个人的做事方法不尽相同。彼得·杜拉克认为："事实上，只有极少数的人知道，他们到底应该怎样完成一件工作，因此，他们常以不适合他们的方式工作。"不能依据自己最擅长的方式去学习及工作，其成绩注定平庸。

步骤五：做好时间管理。

要管理时间，就必须先知道时间用在哪里。有的人建议，可以将每件事原先预估的时间与实际耗费的时间作比较，以检测出时间运用的效率。此外，你必须从中拣出那些不断重复的工作，让时间安排得更有效率。

保留一段不受打扰的时间，能让自己的工作更为专注。美国前总统尼克松在其著作中提及他从法国前总理戴高乐那里学习到的“封锁时间”的重要性。尼克松描述：“有时间独自思考是何等重要，由于他的坚持，他的手下每天要让他空出几小时进行不受干扰的思考。”学会授权及设定优先级，是时间管理的关键。柯朝祥说：“如果你的工作都是无人能够代替的，那你也没有时间让自己升级。”

如果你充满理想，并且渴望成功，那么，尝试向自己的“自制力”挑战吧！只要你能把握生命中的每一秒，那么你的目标也就离你不远了。

有条不紊，先做重要的事情

在时间管理中，也是有优先顺序的。在我们的工作或生活中，只有抛开那些无足轻重的工作，把自己的时间、精力全部集中到最有价值的工作中去，才能把手中的事情处理好，才会给你带来意想不到的收获。如果一个人常常把自己大部分的时间花在一些不重要的事情上，那么他不仅会白白地浪费掉很多时间，而且也不会取得预期的成果。

27 岁的张力在上班途中就在开始计划上午草拟下年度的部门预算。九点钟，他准时走进办公室，在他开始着手草拟预算的时候，忽然觉得办公室有点乱，不如先整理一下，以便在进行重要工作之前为自己提供一个干净舒适的环境。

于是，他开始整理办公室，总共花了 30 分钟的时间，才使办公环境变得干净整洁。然后，他点燃了一支香烟，打算休息片刻就开始工作，这时他无意中发现报纸上的彩图照片是自己喜欢的一位明星，于是情不自禁地拿起报纸来。

等他把报纸放回报架，看看表针已经指向了9点40分，他的心里有点内疚。可是他想想整理办公室是为了提高工作效率，而读报纸是精神食粮，也是重要的沟通媒体，身为企业的部门主管是不能不看报的，何况上午不看报，下午或晚上也一样要看。这样为自己一开脱，他的心也就放宽了。

可是当他正襟危坐地准备埋头工作的时候，电话铃响了，是一位顾客的投诉电话。他连忙耐心地向对方解释和赔礼道歉，足足花掉了20分钟的时间才说服对方平息怒气。挂上电话，他去了洗手间。

在回办公室途中，他闻到一阵咖啡的香味。原来另一部门的同事正在享受“上午茶”，他们邀他加入。他心里想，刚费心思处理了投诉电话，一时也进入不了状态，而且预算的草拟是一件颇费心思的工作，倘若头脑不清醒，则难以完成。于是他毫不犹豫地应邀加入，在那儿前言不搭后语地聊了一阵。

回到办公室后，他果然感到精神奕奕，满以为可以开始“正式工作”——拟定预算了，可是他一看表，已经10点45分了！距离11点的部门例会只剩下15分钟。他想，反正在这么短的时间内也不太适合做比较庞大耗时的工作，干脆把草拟预算的工作留到下午算了。

一上午的时间就这样过去了，张力原打算上午完成的计划也没有兑现。在他精力最旺盛的时候，一再被一些琐碎的事情拖延下去。在生活中，我们也常常会犯这样的错误，在计划做最重要的事情之前，经常会被其他一些琐碎的小事所牵绊，结果是耗尽了所有的时间。而最终没有更多的时间来完成重要的任务或项目。

你一定要抛开那些只能给你带来微薄成果的活动，这样才能让你的时间效率得到最大优化。要想真正成功，你就必须努力减少干扰。如果你在一个小时内集中精力去办事，这比花两个小时而被打断10分钟或15分钟的效率还要高。

年轻人正处于事业发展的重要阶段，每天都将有许多需要做的事情，如果不分轻重缓急，不分先后，就有可能把最重要的时间都花费在一些无关紧要的小事上，结果将会本末倒置。所以，我们在做一件事的时候必须先弄清什么事才是最重要的。

为了求得时间价值的最大化，我们很有必要在每天晚上把第二天必须要做的事情，按照事情的重要性排列出来。到了第二天先去做最重要的事情，这时不必去顾及其他事情，不能像张力那样把时间都用在不重要的事情上，最后导致重要的事情反而没有时间去做了，这无疑是时间管理的最大失败。

做最现实的事

很久以前，一场罕见的洪水袭击了一个偏僻的小村落，许多人被无情的洪水夺去了生命。一个三口之家也是这场灾难的受害者，丈夫在洪水中毫不犹豫地救起了自己的妻子，而他们10岁的儿子却被大水冲走了。对于这个家庭的不幸遭遇，许多人都深表同情。

几天后，邻居对那个男人的选择产生了疑问。在突如其来的洪水面前，丈夫挽救妻子的生命，而放弃了他们的儿子。“难道在灾难来临的时候，孩子就应该成为被舍弃的对象吗?”围绕这一话题展开的争论，一时间成了山村里人人谈论的话题。

一个报社的记者路过此地，听说了这个故事。对于争论，他不想了解更多。只是他很想知道：如果你只能救活一个人，究竟应该救妻子还是救孩子呢？妻子和孩子哪一个更加重要？于是他专门去采访了那个丈夫。

“当时的情况那么紧急，我根本来不及想什么，当洪水到来的时候，妻子就在我身边。我们都不想失去对方，于是我就抓住她拼命地往山坡游。而当我返回去的时候，儿子已经找不到了。”他痛苦地回忆着。

“请不要过于悲伤，毕竟你从洪水中救回了妻子。”记者最后说道。

通过这个故事我们得到的启发是，抓住离你最近的目标，你才有可能体现效率的价值。主人公的选择是值得肯定的，在危急时刻能救活一个是一个，总要胜过失去两个好吧。面对洪水，他可以做到的就是紧紧抓住离自己最近的妻子，这是最为现实和明智的，同时也是最为有效的。如果他放弃妻子去救孩子，可能最后一个人也救不了。

凡是太高的奢望和不切实际的目标，对我们而言都是毫无价值的。只有果断地把握好最近的目标，付出才会有回报。

在时间管理中，也同样要抓住最主要的、最紧迫的事。

试问一下，如果今天有人给你几千美元，要你自己出去生活，你将怎样使用这些钱？你肯定不会先去买电脑准备玩游戏，也不至于先去看百老汇舞台秀，而是在解决了衣食住行的问题后，才开始考虑其他娱乐的支出。

同样，当你有一些时间的情况下，你不会先去打游戏和看电影，也不可能先去整理相簿、看小说和胡思乱想，而应该先安排出自己睡眠、工作和生活的时间，因为没有充足的睡眠，你的身体状况不可能好；至于工作则是你现阶段最重要的事。分清什么是重要的事和必须要做的事是十分必要的。当然，除此之外，你必须吃饭、交际，并处理生活上的琐事。但是这些事在整个时间的分配上，应该占的时间要尽量少。

为什么要在这里特别提出所占比例的问题呢？很简单，

就是必须既会利用长时间完成较大的工作，又会利用零碎的时间做小事情。比如，当你有一个两周的假期时，你可以计划去参加一个你早就想参加的某项技能培训。当你只有一个星期的假日时，你可以报团去出国旅游放松一下。当你只有周末两天的时间，你就只能做做家务、出去看场电影或邀几个朋友聚会一下。如果你在假期的“大时间”天天用来聊天、看电影，在周末却想出国旅游，就是大小时间不分了。

无论何时，都要做最现实的事情，把精力用在最见成效的地方，即“好钢用在刀刃上”。

做正确的事，是时间管理的根本

想来人生真的是很短暂，要想不荒废这短暂的人生，要想掌控时间，就应该做正确的事。做正确的事要比正确地做事重要得多。在时间管理中，做正确的事情是“延长”生命的最好办法。不要任意挥霍你的精力和时间，把它们用在正确的地方吧。

> 有一次，一只鼬鼠向狮子挑战，要同它一决雌雄。狮子果断地拒绝了。
>
> “怎么，”鼬鼠说，“你害怕了吗?”
>
> “非常害怕，”狮子说，“我如果答应你，你就可以得到曾与狮子比武的殊荣；而我呢，以后所有的动物都会耻笑我竟和鼬鼠打架。”

这只狮子无疑是明智的，因为它非常清楚，与鼬鼠比赛的麻烦在于即使赢了也并不光彩。

其实，生活中最聪明的人往往是那些知道做正确事情的人，他们对无足轻重的事情无动于衷，他们很清楚该做什么、不该做什么，知道什么事情可以改变命运，也知道什么事情只会消耗青春。这样的人对那些较重要的事务无一例外地会感到兴奋，同时也善于把无关紧要的事情搁置在一边。用经济学家的话说，在资源稀缺的情况下，选择是至关重要的。

管理大师彼得·德鲁克曾在《有效的主管》一书中简明扼要地指出："效率是'以正确的方式做事'，而效能则是'做正确的事'。效率和效能不应偏废，但这并不意味着效率和效能具有同样的重要性。我们当然希望同时提高效率和效能，但在效率与效能无法兼得时，我们首先应着眼于效能，然后再设法提高效率。"多么经典的论述啊！

在现实生活中，无论是企业的商业行为，还是个人的工作方法，人们关注的重点往往都是前者：节省时间提高效率和正确做事。但实际上，最重要的却是效能而非效率，是做正确的事而非正确地做事。正如彼得·德鲁克所说："对企业而言，不可缺少的是效能，而非效率。"

无论是飞得多么快的飞机，还是跑得多么快的火车，如果方向错了，一切都归为"0"。所以，我们要管理好时间，首先是要搞清楚自己要到什么地方去，千万不能把时间白白浪费在错误的事情上。在时间管理的策略里要永远找准方向。要知道，方向大于效率。

美国洛杉矶市有一位普通的水电工，他希望有一天能够在天空翱翔，在经费及法令的限制下，梦想一直未曾实现。有一天，他突发奇想，预备了6个比较大的充气气球、一把椅子及一些食物，就这样，他终于圆了飞天梦。他想当然地认为，只要用剪刀轻轻剪断绑在椅子上的气球，就可以降落在地上了。

可他无论如何也没有想到气球一直飞到了一万多英尺的高空，他怎么会有勇气剪断气球，在这么高的天空随意降落呢？因此他就高挂在天空无法下来，最后动用了军方的直升机，费了6个小时才将他弄下来。

当他被问到为什么会做这种冒险的事时，他说人这一辈子不能什么都不做，总得去冒险做一些事情吧！

的确，每个人都曾有这种感觉，我们不能只是这么一天天耗下去，总要在生命里成就一些不平凡的事情、一些让我们引以为荣的事情。但是，在还未找到合适的方法前，最好不要急急忙忙一头钻进许多事情里。要做正确的事情和用好时间。

所谓做正确的事情解决的乃是方向问题。而用好时间则解决的是效率问题。如果方向不对，时间花得越多，错误反而越大，而纠正错误的成本也就会越发地高昂，对于宝贵的人生而言，这种高昂的成本有时候会让人无法承受。把做一件事情的速度提高50%，费用降低50%，是一个巨大的进步，但如果这件事根本就不值得去做，做这件事就是一个100%的错误。

正确做事，更要做正确的事，这不仅仅是一个重要的工作方法，更是一种很重要的时间管理及企业管理思想。任何时候，对于任何人或者组织而言，“做正确的事”都远比“正确地做事”重要。对企业的生存和发展而言，“做正确的事”

是由企业战略来解决的，“正确地做事”则是执行问题。如果做的是正确的事，即使执行中有一些偏差，其结果可能不会致命；但如果做的是错误的事情，即使执行得完美无缺，其结果对于企业来说也肯定是在浪费时间和带来灾难。

“正确地做事”强调的是效率，其结果是让我们更快地朝目标迈进；“做正确的事”强调的则是效能，其结果是确保我们的工作是在坚实地朝着自己的目标迈进。

“正确地做事”与“做正确的事”有着本质的区别。“正确地做事”是以“做正确的事”为前提的，如果没有这样的前提，“正确地做事”将变得毫无意义。首先要做正确的事，然后才存在正确地做事。试想，在一个工业企业里，员工在生产线上争分夺秒地按照要求生产产品，其质量、操作行为都达到了标准，他是在正确地做事。但是，如果这个产品根本就没有买主、没有用户，这就不是在做正确的事，那么这时无论他做事的方式方法多么正确，其结果都是徒劳无益的。

对企业而言，倡导“正确做事”的工作方法和培养“正确做事”的人与倡导“做正确的事”的工作方法和培养“做正确的事”的人，其产生的效果是截然不同的。前者是保守的、被动接受的，而后者是进取的、创新的、主动的。

麦肯锡资深咨询顾问奥姆威尔·格林绍曾指出：“我们不一定知道正确的道路是什么，但却不要在错误的道路上走得太远。”这是一条对所有人都具有重要意义的告诫，他告诉我们一个十分重要的工作方法，如果我们一时还弄不清楚“正确的道路”（正确的事）在哪里，那就先停下自己手头的工作吧！

集中精力做好一件事

人在职场可谓身不由己，很多事情都是必须要去做的，只不过事有轻重缓急，而且人的时间和精力也是有限的。我们不如先集中精力解决一件，再去解决另一件。那么，现在让你闭上眼睛想一想，你能想出来对自己最重要的是什么吗？

于雨一直都是公司的文职人员，性格活泼开朗的她也给科室注入了不少活跃的气氛。于雨自己也很清楚自己并没有什么名牌大学的光环，也没有什么能一鸣惊人的出众能力，必须要认真工作，做好每件事情才能让自己稳步前进。

进公司几年以来，于雨一直都在不断地学习新知识并不断充实着自己。最让同事们欣赏的就是于雨从来不会跟别人大声嚷嚷，从来都是和声细语的。公司做的是外贸业务，经常忙起来就是昏天黑地，那个时候每个人都火急火燎，说话难免就先带了几分火气。可是于雨从来都是带着微笑，让你不由自主地就去了火儿。而且于雨在办公室里是最勤快的一个，做完自己的事情不用别人招呼就主动过去帮忙。

领导觉得于雨认真负责，是个好员工，决定调她去做副总的助理。助理这个位置可以说是最忙碌的，所有的文件要整理出来给领导，领导看过的东西还要再整理好然后发回各部门，还要及时和领导沟通各种事情，比如开会、见客户等。于雨想到这些不免有几分紧张。

开始的日子，于雨忙到昏天黑地，却总还是不得要领，每每都会被副总训斥一番。于雨有时候真的委屈得想哭，自己现在比以前在办公室还要忙，却没人看得到，可是忙来忙去怎么就不出效果呢？想到副总说自己整天就是瞎忙，一点效果都没有，于雨忽然想到了什么。

一个月过去了，副总看见于雨的时候，脸上也有了笑，和其他高层聊天的时候也总是说自己的助理做得非常好，基本上都不用自己操心。几个成天和自己助理生气的领导听到后羡慕不已，其他助理们听到后私下里来向于雨讨教，于雨笑笑："很简单啊，知道需要先做什么后做什么就行了。"

上学写作文的时候，老师就教我们要抓重点，主次要分明。什么是抓重点？就是掌握好什么是最重要的。眉毛胡子一把抓写出来的东西根本就不会有人看，因为没人有耐心去分析你到底想说什么。

其实工作也是同样的道理，不管做什么，都应该学会找重点。首先要知道哪一项才是最重要的。重要的就首先来完成，次要的就靠后，这就是于雨所说的知道先做什么后做什么。

有人说，我也没有浪费时间啊，工作忙完一项紧接着做下一项，可是怎么就是看不到效果呢？原因就在于你没有找到重点，最先需要做的事情你放到最后去做了，最不需要着急的事情你反倒最先做了，能看到效果才怪。

最重要的工作往往也就是最关键的工作，同时也是最着急的工作，动动脑子想一想，这样的事情怎么能拖？

其实这就像打仗一样，找出敌方的死穴，集中兵力突破，然后剩下的就是等着你一点一点地肃清反抗力量了。

现在不妨再闭上眼睛想一想，你在平常的工作中做得怎么样？有没有先把重点找出来，集中精力先完成？找出工作的重中之重是最关键的一步，只有找到重点分清了主次，你的工作才能变得有条理，这样工作起来才能得心应手。

工作效率并不是简单地说说而已，按照现在的社会状况，每个企业对员工的工作效率都有一定的要求，如果员工工作效率过低，企业会干脆辞掉员工或者让员工主动请辞。相反，如果员工工作效率高，必然会为企业带来更多的利润，而企业无论是出于何种目的，自然会给予员工种种奖励。

而这一切的前提自然就是先找到工作重点，如果连工作重点都找不到，那还说什么工作效率呢，那样就只能是一团糟了。

不要在小事上纠缠不清

一个人梦寐以求的东西，对这个人而言就是一件非常大的事情。虽然很多事情都是从小事开始的，但是，只有专心致志地做大事，才有可能谈得上高效率。然而，既有趣又悲哀的是，我们通常都能够在瞬间勇敢地面对生活中那些大危机，大量的时间却经常浪费在一些小事情上，而且被搞得垂头丧气。

在日常生活中，很多小事真的会把人逼疯。例如，在仲裁过 4 万多件不愉快的婚姻案件之后，芝加哥大法官埃尔文·约翰逊就曾经说过："婚姻生活之所以不美满，最基本的原因通常都是一些小事情。"纽约的地方检察官派蒂·波森也说过："我们的刑事案件里，有一半以上都起因于一些很小的事情。"

怎样化解这些小事对我们情绪的干扰，并且使我们把情绪波动的时间腾出来工作呢？

最专制的沙皇俄国凯瑟琳女皇二世在厨子把饭做坏了的时候，通常只是付之一笑。美国第 32 任总统富兰克林·D. 罗斯福与夫人刚刚结婚的时候，罗斯福夫人每天都在担心，因为她的新厨子做饭做得很差。后来她说："可是如果事情发生在现在，我就会耸耸肩，把这事给忘了。"事实就是这样，"耸耸肩"就是一个好做法。

罗斯福夫人还对她的厨子讲过这么一个故事：

在科罗拉多州长山的山坡上，躺着一棵参天大树的残躯。它刚刚发芽的时候，哥伦布才刚刚在美洲登陆。第一批移民到美国来的时候，它才长了一半大。400 年来，它曾经被闪电击中过 14 次，被狂风暴雨侵袭过无数次，可它都安然无恙。但是在最后，一些小甲虫攻击了这棵大树，那些小甲虫从根部往里咬，持续不断地往里咬，渐渐伤了大树的元气，终于使大树倒了下去。

是的，我们的生命也是这样，也是可以经历雷电的打击，却禁不住一种叫作忧虑的"小甲虫"的咬噬。

罗斯福夫人所言极是，而我们更要清清楚楚地说，在多数时间里，我们要想克服被一些小事所引起的困扰，只要把目光转移一下就行了——让我们有一个新的、能够使我们开心一点的看法——如此一来，热水炉的响声也可以被我们听成美妙的音乐。很多其他小忧虑也是一样，因为我们不喜欢它们，结果弄得整个人很颓丧。其实，只不过是我们不自知地夸大了那些小事的重要性。

可见，最好的方法，就是果断地舍弃那些小事。

有一个叫艾克的美国人，他就在对小事的舍弃中迅速成就了自己"伟大的梦想"。

像大多数人一样，艾克先生年轻的时候就想拥有一辆漂亮的汽车与宽敞明亮的大房子，但他最喜欢的却是在美国从事传教工作。不久之后，艾克果真拥有了庞大的事业及财富，但艾克认为自己管理不了那么多的资产——那些汽车、房子都需要照顾。于是，他把自己认为多余的汽车和房子分给他的儿女，只留下两栋房子和4辆汽车给了妻子，然后又把自己的事业交给了子女们打理，自己则致力于另一件他梦寐以求的工作——教书。

第二年，学校用公费让他到国外去学习企业管理研究课程。他所到之处，每个大学都提供他一栋房子、两辆车子供他和他的妻子使用。艾克说："我似乎无法避免拥有一大堆房子和车子，但至少现在我不必再花心思去保养它们了。"每当艾克到了一个新的国度，人们都会很快在当地他所属的宗教团体找到他，并邀请他在周末集会时发表演讲，传经布道。

请不要只有当生命快要终结时，才真正认清和了解真实的自己。保持目光远大，不要被小事纠缠。

顾小而忘大后必有悔，审毫厘之小计，遗天下之大数。

各个击破，集中时间

各个击破，是指在处理工作与时间的矛盾时，要集中一定的时间，对需要做的工作，逐次排好队，然后集中时间一个一个地完成。一天的工作是这样，一周、一个月、一年的工作也是这样。如果不贯彻这一原则，眉毛胡子一把抓，不仅事情做不好，而且浪费时间。

据说，著名军事家拿破仑总是把紧急任务交给正担负许多重任的将领去完成，因为他懂得“真正的忙人”才能从各方面下功夫去合理地使用时间，知道他们通晓如何妥善地把突然接到的紧急任务汇入正在进行的工作中去，懂得怎样处理紧急任务。所以，不管任务多么重，他们也有巧妙安排时间去完成任务的办法。而那些时间太多却不知道干什么好的人，就不可能理解时间的宝贵，如果把紧急重大的任务交给他们，就可能使他们因忙得团团转而越发混乱，事情便很难办好。

真是一件怪事，那些越日理万机的人越有时间，时间越少的人越能干更多的工作，其中贯穿着辩证法。因此，国外一些时间研究专家指导人们常做这样的假设，比如“如果我现在知道6个月后的今天我会突然失去学习和工作的能力，在这之前我该以怎样的速度去做那些非常重要的事情呢?”美国著名女学者海伦·凯勒，自幼因猩红热眼睛失明，耳朵失去听力。她在《假如给我3天光明》一文中，为了对那些认为时间大把大把的，常常饱食终日无所事事，麻木、呆滞的庸碌之辈敲响警钟，机智地设问：“假如你只有3天的光明，你将如何使用你的眼睛?”她用这个问题启发人们去思考，呼唤人们抓紧时间努力去工作，把活着的每天都看作生命的最后一天，以充分地显示时间的重要性和生命的价值。

懂得时间的重要性后，就应该知道该如何科学地利用时间，各个击破了。

第三章

用对时间，让效率翻倍

建立封闭式清单

所谓封闭式清单，指的是不能再增设新工作事项的待办清单，目的在于防止工作无限制增加。通过将工作清单封闭后，才能全力处理待办清单上所列出的工作事项，不因增添新工作而分神，让封闭式清单成为区隔你与让你分神事务间的缓冲器。因此想要排除琐事或突发事件的干扰，就要为自己规划一份今天的“封闭式清单”。

王大郅是某家具公司的销售部经理，主管公司销售方面的大小事务。最近一段时间，很多工作接踵而来，而且都是必须尽快解决的事情。王大郅打算在接下来的几天里让自己忙起来，但是等到几天过去了，他却发现那些真正重要的事情都没有完成。这让王大郅感到非常无奈。王大郅也尝试做了一些计划，罗列了一份工作清单，但刚刚坚持不久，就被突如其来的事情打乱了。王大郅越来越觉得自己的时间和工作进度难以控制。

有一天，总经理临时把他叫到办公室，过问工作上的一些事务。原来，这段时间，公司的销售业绩出现了明显下滑，这与王大郅工作上的失误有很大关系。总经理没有责备王大郅，只是让他找到失误的原因，尽快回到正常的轨道上来。

回到自己的办公室，王大郅反思这段时间出现的问题，想找到解决问题的办法。这时，秘书李欣走了进来，委婉地问他为什么眉头紧锁、显得很烦燥。王大郅简单地说了一下情况。聪明的李欣说："经理，您不妨试着列一份封闭式工作清单，也许会改变现在这种状况。"

王大郅豁然开朗，心想：对啊，为什么我没有想到呢？王大郅当然知道什么是封闭式工作清单，只是一直没有使用过。

王大郅让秘书李欣帮他起草了一份待办事项清单，把一周内每天需要做的工作罗列出来，一旦确定，就不再添加新的工作内容。同时，王大郅对具体负责工作的人员进行了授权，除非十分重要的事情，否则不要来找他，工作上一些不必要的事务由李欣代为处理。

两个星期后，王大郅的工作效率越来越高了，他可以集中精力去做一些更重要的工作，公司的销售业绩也有了明显的增长。

通过这个事例我们能够了解到封闭式工作清单有两个很显著的特点：

第一，封闭式清单最明显的特点就是任务核对表，也就是把任务分成不同的组成部分，写在一张任务核对表上，以便完成。这里需要注意，在制定详细的任务核对表时，不要增加新的项目，当你有很多积压的工作需要处理时，不妨使用封闭式工作清单。解决积压的工作常常让人觉得头疼，因为不管多么努力，积压的工作总是越来越多。新任务增加的速度丝毫不亚于完成任务的速度，问题就在于积压任务的清单是没有限制的，解决办法就是把它们封闭起来。

第二，集中处理事情。这样可以使你当天的工作安排得更有条理。比如，你可以在固定的时间处理几十封甚至更多的邮件，而不是收到一封处理一封。如果能够做到这一点，你会发现，你处理大批邮件的速度会更快、更有效率。

具体该如何做好封闭式清单呢？

首先，把积压的工作统一“隔离”起来。

让那些积压的工作远离你的视线，这样就能起到“眼不见，心不烦”的效果了。如果你有许多要处理的电子邮件，那么，你可以建立一个新文件夹，把收件箱内需要处理的邮件全部放进去。如果你积压的工作大部分是需要处理的文件，就把所有的文件放进一个称为“积压项目”的文件夹里。

使用同样的原则处理其他类型的积压工作，目的就是把积压的工作封闭起来，不让积压的工作再增加新的项目，使它处于“隔离”状态。

其次，找到处理新增项目的有效办法。

除非你找到了处理新增项目的有效办法，否则，就不要指望能够处理好那些积压项目，不管你怎么努力，那些积压项目只会越来越多。不妨问问自己：“假如我解决了当前积压的工作，我是否能保持这样的状态？”如果答案是否定的，你就要检讨处理日常工作的方法了。不把这个问题解决掉，谈处理积压工作一点意义都没有。

积压项目不断增加的最主要原因，就在于我们总是接受太多无关紧要的事项。一定要学会把那些垃圾邮件、无关紧要的邮件统统删除。如果你有太多事项要处理，就要找到最迅速、最省时省力的处理方法。

最后，解决掉积压的工作。

如果你能够正确执行以上两个步骤，你所积压的工作就会越来越少。你完全没必要一次性解决掉所有积压的工作，只需坚持不懈地每天处理一部分。在处理的时候，应该再次分好类，最好从最早接收的或者最重要的工作开始。当然，采用其他方法也可以，方法并不是最重要的。正如前面所说，即使你没有花很大精力处理这些积压项目，它们也会在你坚持不懈的处理中慢慢变少。

工作计划提前准备

韩愈曾说过："凡事预则立，不预则废。"这里的"预"可以理解为一种预见性或是一种计划。这不是一个需要花费太多心思便能明了的道理，预见性和工作计划对于工作的意义是不言而喻的。

我们经常出差，可能会遇到一些没有准备的紧急情况，给我们带来许多不便。出差必定要拎包，东西放多了会累，所以总是能少拿就不多拿，夏天的时候出差掂掂雨伞，太沉，不拿了，巧了，下车正赶上下雨；春天的时候出差看看面包服，太累赘，不拿了，结果刚到出差地点没两天就赶上大降温。反正就是想不到什么，它就来什么；如果想到了，它却不一定来。尽管如此，我们在出差前还是要尽量考虑周到，才不会遇到这样那样的麻烦。

工作中设定计划常常会遇到各种困难。有些公司和员工往往会存在这样的想法：计划是一种约束，反正大家努力奔着最好的业绩出发，勇往直前地努力就可以了，没必要自己捆住手脚。还有的公司里的大部分人都没有按照计划工作的习惯，计划虽然做好了，但实施起来却还是我行我素，公司的管理人员也没有维护计划的习惯，项目开始没多久，计划就被完全搁到一边了。

如果自己能制订一个高明的工作计划表，一定能真正掌握好时间，在限期内出色地完成老板交代的工作，并在尽到职责的同时兼顾效率。正如一位成功的经理助理所说："你应该在一天中最有效的工作时间之前制订一个计划，仅需20分钟就能制造出几个小时的高效工作时间。"

工作计划和项目计划好比一张交通图，它能指导工作和项目以最简洁有效的方式达到目标，即使工作计划没有被列成条条框框，至少也要在脑子里形成一种印象，只不过这种计划比较粗糙和模糊而已。

为什么每个工作和项目都需要一份计划呢？

首先通过制订计划，能够了解自身工作和项目的有关事项，让工作能够形成一种通畅的流程。知道每一步做完后下一步应该做什么，避免完成一些任务后就不知接下来做什么，从而大大提高工作效率。

其次可以协助经理和管理人员，避免因忙碌而忘记一些重要的事情。

再次通过计划，可以使一些支配性工作及并行工作及时得到安排，避免因工作计划不周全，造成各种流程之间的互相牵掣。

工作计划其实没有必要做得像一般人想象的那么复杂和烦琐，只要自己能够看明白就可以。

小李是某家销售公司的业务员，小李在所在的城市已经跑了很多年业务了，但他对业绩总是听天由命，能跑多少是多少，所以他的业绩很不稳定，拿到的工资也是时多时少，不过总体来说还是少的时候多些。

自从有人介绍他认识了一个女朋友后，这种现象就完全改变了。小李意识到如果将来和女朋友一起过日子，不会再像现在一样“一人吃饱全家不饿”了。虽然他女朋友工资收入也不错，但在小李的观念里还是觉得男人多挣一些钱才好，他暗下决心要提高自己的业绩，于是便向公司里业绩好的业务员请教提高业绩的诀窍。

从同事那儿小李得到了一条令他很惊讶的经验：每天做好个人的工作计划，有助于取得更好的业绩。他听取了这个经验，每天制订一个销售计划，并为计划中的目标奋斗。从此，小李觉得自己的热情和精力一下提高了数倍，有时为了达到预定的销售计划，他不惜早出晚归，午餐有很多时候都和晚餐“压缩”到了一起。

计划的魅力就是这么大，不管你相信与否。小李那个月下来拿到了他前所未有的高工资。新交的女朋友看到了小李对待工作有如此大的上进心，对他就更有好感了。

计划做出来之后也不是一成不变的。计划不能被固定死，应当留有一定的余地，这点在实施过程中尤为值得注意。俗话说“计划没有变化快”，我们在实际工作中要让计划能赶得上“变化”才行。由环境引起计划的变更，我们一定要保留旧的计划表。在总结的时候，需要阅读旧的计划表来分析自身工作的完成情况。总之，变化的计划要更加完整才行。

计划可分为长期、短期和每日计划。长期计划是指超过 1 个星期、3 个月内必须完成的事。短期计划以周为单位，列出未来 1 周要完成的工作以及如何完成这些工作的行动细节和目标。每日计划是工作计划中的最高境界，每天需要花 10 ~ 15 分钟计划一下当天要做的事。

如果有时间还可以把每天要做的工作列出一份计划单，排定其优先顺序，每当完成其中一项时，就把它从计划单上划掉。如果发生临时情况，要先评估计划中事情的重要性再依序处理。每天工作结束之后检查一下计划单的完成情况，看有哪些事情尚待处理或者有所变更，如果重要就继续把它们列到计划单上，明天继续执行。

如果你有拖延的毛病，就要把完成工作的期限定得死一点儿，让自己没有机会去拖延和耽误。如果自己能按时完成工作计划，也要给自己来点小奖励：比如看个电影、吃顿丰盛的晚餐……来提高完成工作计划的乐趣。这样会使自己愉快而坚定地去执行以后的工作计划，不再沉溺于毫无意义的琐事之中，工作效率也会大大提高。

只要你按照以上几点去做，一定会成为一个善于利用时间的人，办事效率将会迅速提高，工作业绩也将明显提升，公司也会通过员工业绩的提升同时受益。

让每一个工作管理环节数据化

时间管理高手，都十分清楚这样一个事实：凡是精细的管理，一定是标准化的管理，一定要经过严格的程序化的管理。科学管理就是力图使每一个管理环节数据化，这样才能更加有利于时间管理。

应该说，最好的时间管理就是工作细化，这样就降低了出错概率，也就避免了重新修改、调整的时间。对细节的追求是可以衡量的，就是制定出相应的标准和规范。标准和规范，就是对细节的量化，是重视细节、完善细节的最高表现。一个没有规则、没有标准的人，肯定是管理时间不到位的。正是基于这一认识，有一家企业老总做得非常好。该公司在召开经销商大会的时候，光规范性文件就出台了 30 多份，几乎涉及了会议程序、会议内容、怎样对待家属、怎样发放礼品、如何接待客人、怎样送客回去等每一个细节，同时派专人负责各项工作的落实。细节完美是整体完美的前提，由于各项细节做得比较到位，会议开得非常成功，极大地提升了这个公司的形象，极大地鼓舞了经销商对该公司的信心。

河豚在日本被奉为“国粹”，与浮世绘一样深受日本人的推崇。河豚肉质细腻，味道极佳，但这种鱼味道虽美，却毒性极强，处理稍有不当就有可能要人命。但在日本却鲜有因此而中毒、死亡的事件发生。问题出在哪呢？

在日本，河豚加工程序是十分严格的，一名上岗的河豚厨师至少要接受两年的严格培训，考试合格以后才能领取执照，开张营业。在实际操作中，每条河豚的加工去毒需要经过30道工序，一个熟练厨师也要花20分钟才能完成。因此，由于吃河豚而中毒的事件鲜有发生。

加工河豚为什么要30道工序而不是29道？这30道工序绝不是平白无故地杜撰出来的，一定是经过精细的科学实验测试出来的。可能经过20道工序处理也不一定会吃死人，但粗糙的工序只能带给人粗糙的感受。

为适应加入WTO的需要，我们的企业也开启了SOP——标准作业规范。厦门航空公司曾经发生过一起飞行差错，飞机升空后起落架无法收回。问题处理过后，厦门航空公司写下了第一张SOP，就是所谓的标准作业规范。其中还说明了什么位置需要维修，都要系上一条红带。另外插销要怎么拔，拔了以后要后退几步，手要怎么举起，飞行员怎么看到，大家怎么打手势等都有十分详细的标准。再出现任何问题就可以查阅SOP，找出问题所在。

在企业的标准化管理中，我们可以从ISO管理系统中看到一家中资企业和德资企业面对同一件事情的处理在细节上的不同。

ISO管理中，有一个要求是：企业与客户的合同必须经过评审。审核时，审核员发现客户已经在合同上签名，而没本公司销售经理的签名。按照程序文件的要求，合同必须要有销售经理签名，所以这是一个不合格项。如果这是一家中资企业，审核员发现问题后会在“纠正措施”上填写：没有签名的地方补上签名。接下来的过程是销售经理补上签名，再由审核员去验证。这件事情就算完了。

但这种事情发生在德国企业，处理方法不同。发现没有签名，不是简单地让责任人补上签名，而是去查找没有签名的原因是什么，并经过分析发现：程序文件上是要求销售经理签名，而销售经理经常出差，但合同又不能不签。这说明程序文件不具备可操作性，应该修改程序文件为：当销售经理不在时，要授权给代理人。然后填写纠正措施：更改×××号程序文件。

同样一件事情，由于思维和处理方式不同，得出的结果完全不同：前者的责任人是销售经理，后者的责任人是程序文件编写者；前者只是就事论事地做整改，后者却在修改完程序文件之后，还要检查另外还有没有类似毛病的程序文件；如果没有，这个事件才算结束。

德国企业就是凭着这种审慎严谨、一丝不苟的做事风格和擅长逻辑分析的特长，成就了戴姆勒、西门子、大众等世界级企业巨头，以及一大批对产品精益求精、有超强竞争力的中小企业，同时也打造了“德国制造”这个几乎成为产品品质保证代名词的大品牌。

有效率观念，别空耗时间

元旦前，有一位小伙子为了寄一张贺卡给他的女友，前后用了半天时间：花了40分钟选择贺卡，40分钟找眼镜，两个小时写明信片。又花了30分钟用来想：寄信时要不要骑自行车。一般人花3分钟时间可以处理完的事情，到这位小伙子那里花了四五个小时还处理不完。

这个故事虽然有点夸张，但在职场中，却有很多人像这个小伙子一样，本来几分钟可以处理完的事情，却花了几个小时甚至是大半天时间还处理不完。为什么会出现这种情况呢？那就是因为没有掌握好正确处理事情的方法。

开展任何一项工作都必须考虑时间管理，都必须考虑效率，因为工作效率低下意味着浪费了很多时间，公司各方面的成本就会增加，这对公司和员工个人都十分不利。

丽珠是某化妆品公司的市场策划人员。一次，领导让她在一周之内提交一份公司同类产品在上海市各大商场销售现状的调查报告。

接到任务后，丽珠没耽误一分钟，立即乘车赶往上海，又马不停蹄地到几个大的商场和批发市场做了详细调查。回到公司后，她又着手整理各种数据，并动手写调查分析报告。

同办公室的小吴见到丽珠，劝丽珠道：“你刚从上海回来，休息两天再写也不迟，时间还来得及。”

“不，我得尽快写好报告，万一耽误领导用就不好了。”

“那么积极干什么？经理不是让你下个星期一才交吗？”

“没错儿，但我想早点完成比晚点完成更好。”说完，丽珠便埋头工作起来。

星期五下午，经理突然来到办公室，对丽珠说：“丽珠，调查分析报告写完了吗？总公司刚才来电，要我立刻带着这份报告过去开会，因为竞争对手正在调整市场，我们也得迅速部署另一套营销方案，以应对市场的变化。”

“经理，已经完成了。我正在重新检查一遍，一会儿准备送到您的办公室呢。”丽珠说。

“好样的。其实我来你办公室之前是不抱希望的，因为要在这么短的时间内完成报告实在不容易，但你做到了，谢谢你！如果没有这份报告，我还真不知道该怎么向总公司交代。对了，总公司决定在上海成立分公司，正在挑选负责人呢。我这次去总公司，准备把你的名字报上去。”

丽珠只是在规定的时间内提前完成了工作任务，就获得了公司的重用。

由此可见，提高工作效率不但能为公司节省成本，还能为自己的提升“加分”呢。

做任何事情都需要一定的时间，因此，时间是成就事业的一个制约因素。如果学会管理自己的时间，做到不空耗时间，就能够在规定的时间内完成工作任务，从而比别人更容易获得成功。

合理运用内外黄金时间段

时间管理专家认为，每个人一般具有两种类型的黄金时间。

一种是内部黄金时间。

内部黄金时间是一个人精神最为集中的时候。在这段时间里，我们的精神状态会达到最高潮，工作起来自然也最有效率。有些人在早晨7点钟以后就再也无法集中精神，而有的人则在晚上10点到午夜这段时间最有创造性。不同人的内部黄金时间是不一样的，有的人上午精神状态最好，而有的人则会在下午或者晚上达到最佳状态。

另一种就是外部黄金时间。

外部黄金时间，是指外部资源（通常是人）最为齐备、最能帮助你作出决定、回答你的问题、或者为你提供信息的时候——比如说与你的同事、朋友或家人打交道的最佳时间。

个人对待这两种黄金时间的不同态度，决定了在进行日常事务的管理时，最终是否能以最少的时间获得最高的效率。

李素芬在一家化妆品公司做销售经理，她是5点钟俱乐部的人。什么是5点钟俱乐部呢？当谈及销售部的女性如何完成工作的一个题外话时，李素芬提到了这个俱乐部。

李素芬说："5点钟俱乐部不是我们平常认为的那样——会有一个场所，然后大家聚在一起，参加一些活动。其实，世界上并不存在这样一个俱乐部。只要你能每天早晨5点钟起床，投入到学习、工作中去，那么，你就已经成为该俱乐部的一员了。"坚持在5点钟起床需要相当大的毅力，但是却有很多好处。早晨比较安静，气氛安详，让你觉得有种幸福的感觉，你会有比较轻松的心情准备投入到工作中去。

李素芬所在公司的很多销售人员都是有孩子的妇女，她们每天都要做常规的家务包括煮早餐、准备午餐及带孩子上学。她们每天都要面对这些繁杂而无趣的家务事，却依然有着很出色的销售业绩。她们是怎么做到的呢？

这是因为，李素芬建议她的业务员，利用早上5点到家人起床前的这段清净时间，认真查看一下库存量、下订单、写感谢函、计划一整天的工作等，而这种方法也的确帮助她们取得了一次次傲人的业绩。

如果你想确定自我最佳做事时间，应该首先找出最佳的内部与外部黄金时间。

1. 内部黄金时间是你在一天当中思维最清晰的两个小时

留心一下，你在一天当中的哪两个小时思维最为清晰？

是从上午 8 点到 10 点？还是 10 点到中午 12 点？从下午 4 点到 6 点？……你所挑选出来的两个小时或许就是你的黄金时间，但为了验证这一点，你应该在接下来的两个星期观察自己，看看你在这两个小时里的精神是否最集中。

当你确定了自己的内部黄金时间之后，就要用这段时间来处理最重要的工作。对于很多商务人士来说，刚刚来到办公室的最初几个小时无疑是最佳内部黄金时间。但很多人却把这段时间用来处理一些毫不重要的工作，比如读一读报纸、喝杯茶、给朋友打个电话聊聊。正确的做法是，你应该把这些活动留到下午精神状态不好的时候。

2. 外部黄金时间是你与他人产生交集的最佳时间

不知道你发现没有，在老板即将离开去出差或度假时抓紧时间向他请示一些事情，效率最高，那时就是你的外部黄金时间。找上司谈话的另外一个黄金时间，通常是对方刚刚来到办公室的时候，因为他们这时很可能还在摘帽子、脱外套，还没有沉浸到工作中去。

通常，推销人员的外部黄金时间是在早上 9 点到下午 5 点之间。因为在这段时间里，他们的客户大都在办公室，所以较容易直接联系到客户。大多数有经验的推销员都会选择把一些程序性的工作安排在这段时间之外。

当我们在处理问题时，一定要事先确保你能够见到你要见的人，这点非常重要。比如家庭主妇在看牙医或者做头发之前必须提前预约；逛街之前，她们必须事先知道自己喜欢光顾的商店的营业时间。在现实工作中，这种相互之间的交集时间同样重要。

3．考虑到他人的日程安排

有一大部分人都不太擅长站在别人的角度考虑问题，所以他们也很难考虑到别人的日程安排。事实上，考虑他人的日程安排有很多好处。当你知道对方的空闲与零碎时间时，就可以在这些时间段去找对方商量问题，这种时候很少会有其他人来找他们，所以你们之间的事务商议将会很顺利。

解决问题前，先找到问题的关键

美国通用电气公司管理顾问查尔斯·吉德林指出把难题清清楚楚地写出来，便已经解决了一半，后来，这句话被人们称为吉德林法则，并加以注意和借鉴。把问题摆在桌面上，让所有的人都能把它看清楚，无疑对有效掌控时间和最终解决它会有所帮助。

在瞬息万变的环境下，怎样才能最有效地掌控时间和解决难题，并没有固定规律。但是，成功并不是没有程序可循的。遇到难题，都希望在最短的时间内解决它，成功解决的前提是看清难题的关键在哪里。找到了问题的关键，也就找到了解决问题的方法，剩下的就是如何来具体实行了。

20 世纪 80 年代初期，美国大陆航空公司从德克萨斯州到纽约市的机票价格一度降到了 49 美元。此后的 10 年，公司业绩连连下滑，连年亏损。到 1995 年时，公司有 18% 的飞行都是负债经营的。大陆航空想了很多挽回的办法，但都失败了。为扭转这种不利局面，公司新任总裁戈登果断地停飞了这些负债飞行的航线。为找到解决的办法，他仔细分析了问题的症结所在。

戈登想到，出售最低价格的机票这一决策并不能使大陆航空的现状发生转变，更无法使大陆航空成为出类拔萃的航空公司。事实上，这样做的结果适得其反，人们根本不想买大陆航空提供的产品。因为大陆航空虽然想以增加座位的方式和每天无数次地奔波往返于城市之间的办法来保持机票的低价格出售。但事实证明，这些城市其实并没有这么大的需要。如此，大陆航空就只可能亏损。

了解到这些，戈登迅速把飞行航线改为人们想去的地方。过去大陆航空通常每天有6次航班往返于格林斯伯勒、北卡罗来纳、格林费尔和南卡罗来纳之间。这些城市并不需要如此多往返数次的班机，然而大陆航空却频繁地飞向那里。戈登于是立刻砍掉了几次班机，为公司节省了大笔不必要的成本。

戈登还看到，在格林斯伯勒至格林费尔之间的航线中，大陆航空虽然占有90%的市场份额，但却仍然亏损。经过调查，戈登发现大陆航空公司从罗利飞往堪萨斯城、奥兰多或辛辛那提的航班极不合理，乘客想要去别的重要城市很不方便。但是，要是开拓了飞往纽瓦克的市场的话，大陆航空公司所占的市场份额就足以支持公司开通飞往克利夫兰和休斯敦的航线，而这条航线对乘客来说最方便，当然就会受欢迎。想清楚了这些，戈登立即行动，减少了一些并不合理的航线，开拓了一些有连锁效应的新航线。后来的事实证明，这样大陆航空的班次虽然减少了，但赚的钱却大大增加，而且即使将价格适当调高，也并不影响公司盈利。通过戈登一系列的提出问题、分析问题、解决问题的过程，大陆航空公司很快扭亏为盈，成为一家颇有竞争力的航空公司。

在工作中遇到难题时，我们都想在很短的时间内把它解决掉，可要想解决问题，必须清楚问题出在哪里。看到了问题的症结所在，也就找到了解决问题的办法。所以，遇到问题后首要的就是要全面地分析问题，只有这样，解决起问题来才会得心应手，事半功倍。

第四章

利用工具，统筹安排时间

选择组合，巧用时间

在一定的时间空间内，时间对每个人来讲都是很有限的，每个单位、每个人一年都是拥有365天或366天，一天都是24小时，谁能够把时间充分利用，就能够在单位时间内提高工作效率。选择组合法原本是创造学中的一种方法，如果把它用到管理时间中就可以取得很好的效果。其用法通常有以下几种。

1．因情组合

这是作战的谋略权术，只有迎合了敌方决策者的特点才能生效；运筹时间之道，只有适合自己的个性和身体状况，才可不劳而功举。在运筹时间方法上，没有对任何人都有效的灵丹妙药。

人的性格、习惯、体质、兴趣就像人的面孔一样各不相同，而且家庭、工作单位、当地社会环境也多种多样。有的人早上起来时灵感频至，有的人夜深人静时思维活跃。因此，哪种运筹时间的方法好，不能一概而论，运筹时间的方法因人而异。著名语言学家黎锦熙体弱多病，可他活了89岁，而且长年承担着繁重的教学任务并有很多学术撰著，精力始终不衰。这当中最大的秘诀就是他“因形用权”，根据自己体弱多病，不能长时间鏖战的实际情况，找到了一种适合自己身体特点的时间运筹法。他每天睡 3 次觉，夜间第一次不太长，中午一次也不长，晚饭后的一次却很特别，饭毕，往沙发上一躺，闭目养神，做他自创的一种“气功”，几分钟后，他就会发出轻微的鼾声。这时，即使周围有人说笑，乃至喧哗，也不会影响他。醒来后，他便开始工作，直至深夜 12 点。这种睡法，使他有效地消除了疲劳，较快地恢复了精力，坚持几十年，得到了不劳而功举之效。知己知彼，百战不殆。因形用权，找到适合自己的时间运筹方法，在于弄清自己的个性、体质情况和所处的环境，并不断在实践中寻找。

2. 交叉组合

就是把一些活动或工作交叉安排。这是因为人的大脑细胞长时间接受一种信息刺激，长时间持续同一个活动内容，会导致工作效率降低，如果穿插进行其他内容的活动，当人体原有的兴奋转为抑制时，其他部位就会出现新的兴奋区。因此，注意及时变换学习或工作内容，是很有必要的。例如，曾在中国科学院北京天文台工作的郑文光同志，总是把两种性质不同而又互相联系的工作交叉进行。他在从事《考古天文学》理论著述的同时，又进行了中篇科幻小说《火星建设者》的创作。当他被浩瀚的史料、严密的逻辑推导弄得头昏脑涨时，他便暂时放下天文史的研究，操起笔来开始科幻小说的创作。这时，他的思想便像插上了翅膀，在广阔的天地间翱翔，使绷紧的神经、疲惫的大脑得到了充分的休息。他在写作天文史学专著《中国天文学源流》和中篇科幻小说《飞向银马座》时，就是同时动手，交替进行的。

这种穿插交替式的工作方法是有效的，也是有科学依据的。医学研究表明，人的大脑分为两个半球，左半球是管逻辑思维的，右半球是管形象思维的。大脑长时间地从事逻辑推导就会感到疲乏，如果改用形象思维，从事文学创作，就会使大脑的左半球得到充分休息。反之，也是一样。由于郑文光长期坚持这种积极工作和休息的方法，年轻时他每天能工作 16 个小时，年过五旬时，仍然坚持每天工作 12 个小时。他不但在天文史研究方面成就显著，在文艺创作方面也奇峰突起，令人瞩目。

3. 同类组合

根据工作的性质，把同类工作安排在一起，在同一阶段来处理，这样人的注意力、精力就会集中，不用总是来回转移，可以在相对固定的一段时间内处理同类事物，提高工作效率。例如一个公司开会研究有关拓展市场的事情，把负责此类事务的相关人员组织在一起，在同一时间内进行研究决策，要比在同一时段内开两个不同性质的会议，转移会场，另召集人员效率高得多。根据这个原理，可以根据工作时间的需要，分门别类地处理各种事务。

“二八法则”的时间管理工具

当我们把“二八法则”应用到时间管理上时，就会出现以下假设：

一个人大部分的重大成就包括一个人在专业、知识、艺术、文化或体能表现上所表现出的大多数价值，都是在他自己的一小段时间里达成的。在创造出来的东西与花在创造活动上面的时间这两者之间，有极大的不平衡，不论这时间是以天、星期来度量的，还是以月、年或一生为单位来度量。

如果快乐能测度，则大部分的快乐发生在很少的时间内，而这种现象在多数情况里都会出现。

用“二八法则”来表述就是 80% 的成就，是在 20% 的时间内达成的；反过来说，剩余的 80% 时间，只创造了 20% 的价值。一生中 80% 的快乐，发生在 20% 的时间里，也就是说，另外 80% 的时间，只有 20% 的快乐。

如果承认上述假设，也就是上述假设对你而言属实的话，那么我们将得到四个令人惊讶的结论。

结论一：我们所做的事情中，大部分是低价值的事情。

结论二：我们所有的时间里，有一小部分时间比其余的多数时间更有价值。

结论三：若我们想对此采取对策，我们就应该彻底行动。只是修修补补或只做小幅度改善，没有意义。

结论四：如果我们好好利用 20% 的时间，将会发现，这 20% 的时间是用之不竭的。

花一点时间去印证“二八法则”，几分钟也好，几小时也行。找出在时间的分配与所得的成就（或快乐）两者之间，是否真的有一种不平衡现象。看看你最有生产力的 20% 的时间，是不是创造出 80% 的价值？你 80% 的快乐，是不是来自生命中 20% 的时间？

这是非常重要的问题，不可轻视。也许你该把本书放下，去散个步，一直到你确定了你的时间分配是否平衡，再回来继续读。

我们对于时间的品质及其扮演的角色所知甚少。许多人用直觉即可明白这个道理，而千百个忙碌的人并不知道学习管理时间，他们只是瞎忙。我们必须改一改我们对待时间的态度。

如果要你把你最宝贵的 20% 的时间拿出来，去当一个好士兵，去达成别人对你的期望，去参加一场别人认为你会参加的会议，或去做同伴都在做的事，或是去观察你所扮演的角色，不论是哪一项，你可能都不愿意。因为对你而言，上述这几件事都不必要。

若你采取传统的行动或解决方式，那么你就逃不掉“二八法则”的残酷预测，而把 80% 的时间花在不重要的活动上。

为了避免这种结果，你必须找出一种可行的方法来管理你的时间。问题是，若你不想被排除在世界之外，你能离传统多远？有特色的方法不见得全都能提升效率，但至少有一种方式是可行的。想出几种，然后挑一个最符合你的个性的方法来进行时间管理。

运用“二八法则”，你可以很快地找到适合自己的时间管理方法。“二八法则”对于时间的分析，是与传统看法迥然不同的，而受制于传统看法的人，可从这个分析中得到解放。“二八法则”认为我们目前对于时间的使用方式并不合理，所以也不必试图在现行方法中寻求小小的改善。我们应当回到原点，推翻所有关于时间的假定。

时间不会不够用。事实上，时间反而多得是，我们只运用了我们 20% 的时间，对于聪明人来说，通常一点点使用时间上的差异就造成了巨大的不同。依“二八法则”的看法，如果我们在重要的 20% 的活动上多付出一倍时间，便能做到一星期只需要工作两天，收获却可比现在多 60% 以上。这无疑是对于时间管理的一项革命。

“二八法则”认为，应该把重点放在 20% 的重要时刻上，而应削减不重要的 80% 的时间。执行一项工作计划时，最后 20% 的时间最具生产力，因为必须在期限之前完成。因此，只要预计完成的时间减去一半，大部分工作的生产力便能倍增，时间就不会不够用。

“二八法则”将迅速提升你的效率，同时也是对传统的时间管理的否定，“二八法则”将引导时间管理的革命。下面的例子将告诉你如何提高效率，缩短时间的运用。

这些例子都是关于非传统式时间管理法的例子，来自管理顾问这一领域。当管理顾问的人，通常工作时间很长，还要面临多得令人发狂的事务。让我们看看下面三个管理顾问是如何管理他们的时间的。

第一位是佛烈德，他从顾问事业赚得千万财富。他并非商学院出身，却有能力设立一个成功的大公司，公司上下除了他以外，几乎每人一星期都要工作 70 小时以上。佛烈德很少进公司，每月只与股东开一次会，而且是全球股东都得参加的会议，他比较喜欢把时间用来打网球和思考。他以强硬手腕管理公司，但从不大声讲话，他通过五个主要部属来掌握公司的一切。这就是他的管理方法。

第二位顾问叫蓝迪，是位陆军中校。全公司里除了创立者之外，他是唯一一个不是工作狂的人。他前往另一个遥远的国家，在那儿有一个繁荣且快速成长的公司，员工主要来自家乡，工作非常努力。没有人知道蓝迪如何运用时间，也不知道他的工作时数是多少，但他的确逍遥自在。蓝迪只参加重要客户的会议，其他事务则授权给年轻合伙人处理，他有时还编造荒唐的理由，解释自己为何不在公司。

蓝迪虽是公司领导者，却不管任何行政事务。他把所有精力拿来思考如何在与重要客户的交易中增加获利，然后再安排用最少人力达成此目的。蓝迪的手上从不曾同时有 3 件以上的急事，通常一次只有一件，其他的则暂时摆在一旁。为蓝迪工作的人充满挫折感，但他确实效率奇高。

第三位叫吉姆，他的办公室很小，里面还有很多其他同事，是一个非常拥挤且骚动的办公室，有人打电话，有人正准备着向客户作报告，屋子里到处是声音。

但吉姆好比一片平静的绿洲，把注意力全集中在分内的事上，他在运筹帷幄。有时他会带几位同事到安静的房间内，向他们解释他对每一个人的要求，不只是讲一两遍，而是再三说明，务求交代所有细节。然后，吉姆会要求同人重述一遍他们即将进行的工作。吉姆动作慢，看似毫无生气，且近乎半聋，但他却是非常棒的领导者。他把所有时间都拿来思索哪件工作最具价值，谁是最合适的执行者。然后，紧盯着事情的进度。

看完这些例子，你也许将开始运用“二八法则”来改善你的时间管理。

“二八法则”提供给我们如何去管理时间的一种思考模式：控制时间是不可能的，绝对没有什么秘诀或大师可以教会人控制时间，人们真正需要控制的其实只是自己。那些口里经常喊“忙”的人，其实就是不懂得管理时间的人，他们只有跟在时间的屁股后面瞎跑，不会做自己的主人。

另外还有很多人希望自己能够面面俱到，他们就拼命地把过多的责任加在自己身上，结果往往发现自己能力不足，从而产生强烈的挫折感。

会管理时间的人永远不会喊忙，他的生活方向自己心里非常清楚，他们知道自己该在什么时间做什么事情。

管理自我是管理时间的前提。人们应该找到自己在哪些事情上浪费了太多的时间，创造的价值却微乎其微。

遵循“二八法则”，人们首先应该明确态度，再排定先后顺序，定出远期和近期目标，这些是时间管理的重要步骤。按照“二八法则”，拟定好人生方向，确定每天、每月、每年的行事日程，然后努力遵守。比如说，你通过观察发现自己一天精力最旺盛的时间段是在上午，那么你就把最重要的事安排在上午处理；而在一天中精力最差的时间段，你就可以去做些无关紧要的事。

什么是有效的时间管理？有句话说得非常好："有效的时间管理，就是一种追求改变和学习的过程。"时间对于每个人都是公平的，一个人的一天永远只有 24 个小时，有的人可以过得很从容，有的人却常常把自己弄得凌乱不堪。"没有时间"是个蹩脚的借口，有没有时间都是你自己选择的结果。

我们不可能把所有的事情都一个人做完，一个人要学会调整自己，要懂得有所拒绝。有些事情是不是值得为它去拼命，如果不值得，那么就干脆放掉它，去做其他更重要的事情。万一遇到自己能力范围之外的事，那就集思广益，找别人一起对付它。

如果你把时间安排得很好，你就可以去很从容地听音乐会、看电影，做一些自己想做的事等。

因此，时间管理的一个首要原则就是：学会对每一件事的尊重，包括对休闲娱乐的尊重。人们的心情是可以自己创造的，时间也是可以自己掌握的，能把时间管理好的人，永远不会喊"忙"，因为他知道自己想要的是生命中 80% 的快乐。

学点时间统筹学，轻松完成任务

我们平时会作出各种计划，以决定时间该如何支配，行动该如何开展。对成功者来说，统筹分配法是时间管理非常重要的技巧，它贯穿于生命的始终，可以使人更有效率。无论在工作中还是在生活中，统筹分配法将使你聪明地管理和利用好时间。

华罗庚有一篇关于统筹学的文章，其中举过一个很形象的例子：

比如想泡壶茶喝，而当时的情况是：开水没有，水壶要洗，茶壶、茶杯都要洗；火生着了，茶叶还得去拿。怎么办？

办法甲：首先是洗好水壶后，灌上凉水，放在火上烧水；在等待水开的时间里，接下来逐一地洗茶壶、洗茶杯然后去拿茶叶；等水开了，泡茶喝。

办法乙：首先将一些准备工作做好，如洗水壶、洗茶壶、茶杯，拿茶叶；待一切准备就绪后，再灌水烧水；等待水开了泡茶喝。

办法丙：首先是洗净水壶，然后是灌上凉水，放在火上烧水，接下来是坐待水开；等水开了之后，再急急忙忙地去找茶叶，然后去洗茶壶、茶杯，泡茶喝。

显而易见，我们一眼就能看出第一种办法最好，而后两种办法都是耽误工夫的。这是因为第一种方法把等待的时间都用在了做其他小事上，而后两种方法将等待的时间都白白浪费了。

其实，在我们的生活中有很多时候，我们在等待中白白浪费掉了很多时间，要想把这样的时间节约下来，就要会统筹安排事务，研究整个事情的工序，有效地增加我们的时间。

同样，在我们的生活中，当你在烧开水的同时，你还可以洗衣服、择菜、刷锅等。当水开时，说不定你的衣服洗好了、菜也择好了；这样，将两件事同时做完了，然而总时间用得最少。像烧开水和洗衣服等这样能同时进行的事件称为并行事件；在运筹学思想中，并行事件越多，就越能在同一时间内做更多的事情，效率就会更高。

当几件事情并行处理的时候，自然就会忙碌一些，比起顺延做事要显得紧张一些，但是如果你不去做的话，很多时间也就在无形中浪费掉了。尽管可以一时轻松些，但在这之后你该做的事情还是要做的。因此，总体来讲，并行做事时可以节省很多时间。

但也有些事情，是不能够转换的，比如烧热水和洗澡，必须烧好了水之后才能用热水去洗澡，两件事是不能同时进行的，这种称为顺延事件。这类事情就要求我们必须得一件一件来，不要认为并行事件节约时间就什么都可以同时做了，我们要分清事情之间的内在联系，适当地安排时间。

在常规的工作过程中，其实有很多时间被浪费，你或许根本就没有察觉到它的存在，但它一直在影响着你工作的效率。要想提高你的工作效率，要做的就是把它找出来，剔除它。比如说，你不得不去参加一些会议，但你很忙，所以在你看来，这是在浪费你的时间。于是你在会上心不在焉，就等着赶紧散会，回去好继续做你的工作。结果你白白浪费了好几个小时的时间，最后却什么也没有得到。

可是你完全可以把这当作一次难得的机会，因为，平时根本不可能把这么多人聚集在一起。你可以在活动期间，充分结交朋友，在聊天的过程中寻求商业机会。散会后，及时地把会上搜集的资料整理出来，经过分析、整理，最后很可能就得出了一个非常好的商业策划。

我们要站在一定的高度，对事情的整体进行合理的把握，分清事情进行的先后顺序，将那些可以一起进行的事情安排在一起，更好地利用时间。在这里需要提醒大家的是，不要三心二意，领会“一次做好一件事情”的意思。

ABCDE 级别法

善于利用时间要比善于利用财富更重要，所以，时间管理学对于每个人来说都是有实用价值的。有效的时间管理可以带来美好的生活。那么怎样做才能成为一名运筹时间的高手呢？下面就给大家介绍一种有效运筹时间的“ABCDE”工作分类法。

“ABCDE”工作分类法，是一套非常有效的时间管理方法，它的操作方法非常简单，首先在你每天睡觉前，把隔天所要做的工作及活动列一份清单。

在每一个项目后面，依性质分类写上 A、B、C、D、E 的字样，隔天一进办公室，按照工作清单上的分类，依序进行工作。A、B、C、D、E 所代表的意义如下：

A 类的工作或活动，代表非常重要的事项，如果没有完成，后果非常严重，例如老板交代明天开会时要向重要客户演示文稿的资料，就属于 A 类事项。

如果 A 类事项超过一件以上，可以依重要性、急迫性的程度细分，用 A－1、A－2、A－3 等表示，并且切记养成习惯，永远从 A－1 事项开始做起，A－1 完成后，再开始进行 A

-2。

B类的工作或活动，代表你须要去做的事项，但如果没有完成，后果并不会太严重，相对于A类的“大青蛙”，B类不过是只“小蝌蚪”。

例如回一个不是很重要的电话或是检查E-mail，没有做只是让人觉得不方便或是不高兴而已，并不会造成任何严重的后果，要随时记住“当手边还有A事项没完成时，绝不开始做B事项”的原则。

C类的工作或活动，代表那些“nice to do”的活动，但是做或是不做，都不会有任何不好的后果。

例如打电话给朋友、跟同事一起喝杯咖啡、共进午餐，或在上班时间完成一些私人事务。谨记你必须在完成A、B事项之后，有时间才开始做C类事项。

D类的工作或活动，是那些可以交给别人来完成的事项，必须牢牢记住：凡是可以交给别人做的工作，必须想办法用授权或外包的方式，交给别人来完成。

节省下来的时间，可以用来专心从事必须要自己亲自完成的重要工作，例如A类事项。

E类的工作或活动，是指你可以完全取消掉的工作项目，做或是不做根本没有差别，例如有些工作过去虽然很重要，但是现在已经成效不大，做了只是浪费时间。

你必须随时检查例行的业务或是工作项目，哪些是属于E类的项目，尽快把它取消，以免浪费时间。

成功应用“ABCDE”工作分类法的关键，是你必须要严格自律，每天一定将工作清单根据上述分类法加以清楚标示，接着从 A -1 工作开始做起，一次只专心做一件事。

百分之百完成 A -1 事项后，再依序完成其他 A、B、C 事项，尽快授权或外包 D 类事项，立刻取消 E 类活动，如此每天一开始就吞下最大、最丑的大青蛙后，接着要吞其他小青蛙、小蝌蚪，就变得简单而容易。养成这个好习惯，会使你每天的工作生活变得有组织、有秩序，可以帮助你完全掌控时间，掌握工作的重点与节奏。

就像时间管理的名言所说："你无法管理时间，你只能管理自己运用时间的方式。"

GTD 时间管理概念

在我们的日常工作中，经常会遇到这样的情况：面前的工作一大堆，并且有好几项都是紧急并且重要的，需要立即去做，还需要高质量完成。这时候，我们是否会手忙脚乱，不知道从何下手？或是，每一件事情都开始，却因为心念着另一件事情而不能把它完美地做完就去开始做另一件？结果，一天下来，有可能一件事情都没能完整地结束。

这时候，我们不妨来为自己的时间做个私家清单，运用某些时间管理工具，提高一下自己的工作效率。GTD（Getting Things Done）就是时间管理的方法之一。GTD 的核心理念在于，把心中想到的所有事情都放到收集篮中，并用一定的方法把收集篮中的事物处理并归类，让头脑中只装一件事，这样才能心无杂念、全力以赴地做好工作，提高效率，使自己达到无压状态。

人的记忆力和注意力集中是有时间限制的，没办法同时记住很多事情，做很多事情。这种情况下就要学会 GTD 时间管理的概念，要做到有取舍、有条理，把有限的资源进行合理的分配，每次只做一件事情。

小张进入公司已经有四五个月的时间了，一直表现良好，对工作认真负责，勤勤恳恳，从不迟到早退，努力坚持着“一分耕耘，一分收获”的信条。但是，自从进入公司以来，直到现在，小张的工作效率却没有太大的改善。每天依旧是大堆的文件和需要解决的事务摆在面前，从早到晚，孜孜不倦地阅理，可是，一天下来，真正处理好的事情却没有几件。因为，这些文件和事务中有很多是小张自己没有经验，一时拿不定主意的；也有一部分事件，是因为目前数据不足，所以暂时没有办法做出最后结论的；还有一部分，是必须领导过目之后才可以敲定的方案，这一部分，小张也只是看过几眼、浏览一遍之后再次放到待办文件夹里。结果，一天下来，几乎每件事情都涉及到了，可完完整整完成的却不过两三件。第二天，在昨天工作量的基础上，又加了跟昨天差不多的事情，而按照小张的习惯，完整明确地结尾的又是只有两三件无关紧要的事情而已；然后，第三天又是如此……长此以往，堆积的事情越来越多，小张自己也无法记得哪些事情是马上就需要完成的，而哪些事情可以继续拖延几天。

等到领导需要某一件事情的工作报告的时候，小张才发现这件事情自己压根儿没有来得及处理，于是，开始找资料、向同事询问，急急忙忙赶出一份报告，结果，自然是不合格的。耽误了工作，领导不满意，小张自己也心有余悸，神思不安，工作效率大大降低。经过此次事件，小张觉得自己这种工作方式实在不尽如人意。于是，他向自己所在项目小组的前辈——刘组长请教。

听说了小张的问题之后，刘组长向他提了一个建议——每次只做一件事情。把手头的工作彻彻底底、认认真真地完成以后，再去考虑处理其他的事务，不要“胡子眉毛一把抓”，不要每件事情都只做一点，遇到难关就再去做其他的事情，这样，不仅浪费了时间，而且每一件事情都没有做好。小张恍然大悟，按照刘组长的意见去进行后面的工作，将当天最紧急最重要的事情一件一件地去处理，遇到自己拿不定主意的，就去向同事咨询或是向领导请示，直到把这件工作完成，才去看下一项工作任务的内容。这样坚持了一段时间，小张发现自己的工作量大大减少，工作效率也有了极大提高。由于能够提前高质量地完成工作，领导对小张的工作也越来越满意。

在公司里工作没有不忙的。你会发现每天 RTX 要闪烁几十个对话框是再正常不过的事情。可能你正好在写一个 PPT，同时领导安排今天必须出一封邮件，刚在酝酿的时候突然还会有人打电话催你开会，离开时刚好还有个朋友在 QQ 上请求帮忙找回密码，每天周而复始，逢人便说忙似乎成了流行的口头禅。你会发现，时间永远都不够用，每天永远都有着“做不完”的事情。那么，不妨来试试时间管理的方法论：GTD。

为什么要有 GTD 时间管理概念？

当我们排除了干扰，脑袋里只剩下一件事的时候，我们会有更好的逻辑思维和创造力，这样我们不难得到更好的结果。而 GTD 的方法，正是帮助我们解决掉事情老是萦绕心头的感觉，减少甚至是消除焦虑，真正做到“无压工作”，轻轻松松地完成每一项工作任务：

（1）确切地认定它们的预期结果是什么；

（2）决定你下一步的具体行动到底是什么；

（3）把后果和即将采取行动的提示信息存入你所依赖的体系中去。

GTD 的五个核心原则是：收集、整理、组织、回顾、执行。

（1）收集：把任务从大脑中清理出来，形成待办列表。其流程为：把任务从大脑中清理出来——填入收集的设备中——准备下一步的处理。

（2）整理：整理待办任务、分类任务。

①不把任何信息放回收集箱，处理完一件任务就打一个对勾。

②如果任何一项工作需要做，就马上执行去做（如果花的时间少于两分钟）；或者委托别人完成，或者将其延期。

③否则就把它存档或删除，或是为它定义合适的目标与情境，以便下一步执行。

（3）组织：等待处理、将来处理、下一步行动。

①等待处理清单主要是记录那些委派他人去做的工作，比如有封邮件问这件事由谁负责，可转交处理，如果你是主管，可安排下属去做。

②将来处理清单则是记录延迟处理且没有具体的完成日

期的未来计划等。

③下一步处理清单则是具体的下一步工作。而且如果一个任务涉及多步骤的工作，那么需要将其细化成具体的项目。不能在两分钟内完成的、需要一系列动作来进行的任务叫作“项目”。

（4）回顾：按日回顾、周回顾、月回顾来总结 GTD 系统。

回顾自己在过去一周或一个月取得的进步，制订下一周或下一月的计划。

（5）执行：Do it！没什么好说的！集中精神执行。

GTD 的核心思想是将你所有的“工作”都从大脑中清理出来，放在一个外部系统中统一组织和管理，让你的大脑专心地做思考工作，而不是记忆杂事。打个比方，GTD 系统就是你的私人秘书，她帮你安排好你的工作；而你相当于企业的 CEO，专心思考公司的战略。那么，在 GTD 时间管理中，还需要注意哪些事项呢？

（1）完整地收集，做到一件不漏。

（2）弄清楚工作是为了什么。

（3）判断下一步的行动是什么。

（4）将事情合理分类，准确执行。

（5）Do it now！

GTD 时间管理的好处是可以推动你每天持久、专注、高效地工作；而高效为你带来的好处是会让你有更多可以自由支配的时间与财富，让你去享受生活，并且获得成就感与满足感。

麦肯锡 30 秒电梯间训练

现在人们似乎习惯了把事情想复杂，以为复杂才显得有技术含量，复杂才显得自己才能高超。但是这样惯性的复杂更多的是一种一厢情愿，而不是从客户角度来考虑让复杂变得简单。相信在工作中，我们也经常会做这样的蠢事：把一份报告写得天花乱坠，足足有 15 页；向领导汇报工作进度的时候，常常花费半个多小时甚至一个小时；会议中，向大家介绍某个项目的时候，拖拖拉拉好几十分钟才说完……在做这些的过程中，浪费了许多时间不说，领导对你的态度又是如何呢？是津津有味地在听你胡扯漫谈，还是紧皱眉头，表示对此很不满意？相信肯定是后者。

不要再为自己找些乱七八糟的理由：这件事情很复杂，一时半会儿根本说不清楚；任务中的重点难点很多，这些都需要一一汇报；这周我做了很多事，每一件都至关重要，都要详细地写在工作报告里，所以篇幅很长……这时候，不妨看看身边的同事，他们也是如此吗？这些问题，我们能不能在 3 句话中讲清楚？难道就没有这样的情况出现：在开会时发言，在沉闷的会场中，有人却能在 30 秒内令大家耳目一新，全部耳朵竖起来听他说些什么？肯定是有的吧？那么，上面这些繁杂的事情就是可以化简的，之所以还这样复杂，就是我们本身不懂得30秒表达的重要性。

张超是公司的一名小职员，从大学毕业就进入这家公司。虽然一直以来他勤勤恳恳，兢兢业业，认真努力地做着自己的本职工作，但却始终成绩平平，没有功劳也没有过失。所以，即使已经为公司工作了两三年，张超却既没有升职的希望，也没有加薪的迹象。张超很苦恼，不光如此，每次他去向主管汇报工作的时候，主管总是一副不是很乐意听的表情，然后待他汇报完，就会说一句："下次说得简单一点儿。"张超觉得很委屈，自己每周都要完成那么多工作任务，其中有些是很紧急很重要的事情，稍微不慎就可能损害公司的利益，一两句话怎么说得清楚？但是他也清楚，为一件事情说上大半天，不仅大大降低了自己的工作效率，而且浪费了领导的工作时间。于是张超也积极改进自己的工作方法，况且领导给自己提了建议，那就更要努力去改正了。

于是，在之后的工作中，不论是工作报告，还是员工会议上，张超总是尽量把自己的发言缩短，但是，领导仍旧皱着眉头，表示对他的发言很不满。张超无奈之下，只得去向自己的前辈杨姐请教。杨姐跟张超是同一所大学的毕业生，两人又机缘巧合之下进入一家公司工作，所以，杨姐对于学弟的工作一直关心有加。听说了张超的烦恼之后，杨姐问了他一个看似很简单的问题：

"你能在30秒内提出你工作的重点和中心吗？不管你的工作有多重要多复杂，必须在最短的时间内提出你工作的重点。这样，领导才能确定你的工作是否有继续的价值，才能提高整个团队的工作效率。"

张超恍然大悟，在之后的工作中，他按照杨姐的建议去实践，虽然刚开始为了总结事情的重点和中心部分花费了不少时间，但是坚持了一个月之后，他就发现，自己的工作效率大大提高了。因为工作报告不用再写得很长，在会议中的发言也只要简短的几句话便可以概括自己的建议。同时，主管也渐渐将目光转向张超，对他的工作多有赞赏，没过多久，张超就升职成了小组长。

相信大家都有过这样的经历：人家跟你说话，如果超过5分钟以上，而又没有新意，虽然你眼睛还看着他，但心已经跑到月球啊火星啊去免费旅游转了几圈啦！最多5分钟，你能不能在5分钟之内把事情很漂亮地说出来？不但说清楚，而且还要非常有说服力。

1. 为什么要在30秒内"搞定"对方

这个世界已经充斥太多的信息，大家寸秒寸金，哪里还有闲工夫去细细琢磨你的话或者从大堆信息中提炼重点内容呢？因此，我们要避免平淡，我们要争夺注意力，我们要争夺眼球和耳朵，我们必须在30秒之内"搞定"对方。那么，30秒电梯间理论对于我们究竟有哪些帮助呢？

(1) 简短的汇报流程，减少部门管理时间。

（2）缩短业务时间，提高一线销售部门的执行效率，我们原本用一天的时间谈下一个客户，现在只用 30 秒的时间去完成，那么我们在单位时间上所创造的工作效率就会相当高，会直接带动企业效率。

（3）如果组织中的单位成员都能够达到 30 秒理论的要求，那么对企业发展的贡献会随着组织规模的不断扩大而扩大。

2. 麦肯锡 30 秒电梯间训练，抓住每一个机会

假如你平时没有什么机会见到总经理，有一天，你刚跨进一楼电梯，忽然发现总经理就站在你身边。电梯会几停几开，总经理到他办公的楼层只需要 1 分钟甚至半分钟时间，你是否有本事让他在走出电梯之前说："你刚才说的有点意思，这样，我给你 10 分钟，来我办公室坐坐?"这就是备受推崇的麦肯锡式"电梯测试"，或者说"电梯间演讲"。那么，麦肯锡 30 秒电梯间训练到底是什么？该怎么去做?

（1）讲。30 秒理论中，讲是最基础的。

声音洪亮地讲，声音很重要，你讲的东西别人听不到，听者的效果会大打折扣。如果你的声音不够洪亮，利用每天 20 分钟的大声朗读演讲稿可以解决这个问题。

阴阳顿挫地讲，运用声音的起伏以强调讲话的重点和主要意思。这样可以在短时间内加强听者的接受效果。大家可以多尝试有感情地朗读，通过四声训练和阴阳训练可以解决。

没有附加语言地讲。很多人讲话会带口头语，比如是这样的、就是说、这个、那个。这样的词语会占用你的时间，

希望大家通过讲话录音听一下自己的口头语，以便纠正。

（2）分析。优秀的分析能力，要求的是我们要知道我们讲的哪些是重点，哪些是不重要的。

（3）归纳。说话人的思路和条理性是很重要的，要让别人听到之后就知道自己的思路和层次。归纳能力要求的是对问题在分析的基础上，有条理地说明问题，经常对自己需要讲话的内容列一下提纲，再按照提纲的内容去讲。

3. 几点关键事项，明确目标，提高效率

30 秒电梯理论告诉我们，做任何事情的时候需要把握重点，要有焦点。拖沓冗长的多余动作和行为并不代表你了解得更多，反而代表你了解得不够多，不够深刻。这在实际工作过程中是很有意义的。那么，在麦肯锡电梯间理论实践过程中，我们还需要注意些什么呢？

（1）事先做好分析。俗话讲，不打无把握之仗，要对即将拜访客户的历史、现状、领导、优势、接洽人的特点等进行详细分析，对谈话中可能出现的问题做好充分的准备。找出能够实现双方共赢的结合点，你的这次拜访和交流就成功了一半。

（2）始终归纳重点。人与人之间的对话，变数最大，千亿次运转的计算机也没人脑的变化快。当对方提出问题时，立即调动大脑进行全面、立体的分析。他为什么要说？有何用心？要达到什么目的？你和他的希望的交叉点在哪里？快速地分析后找出合作点和答复方案，给予有针对性的答复。

（3）遇问果断应变。对要答复的内容进行迅速归纳和提炼，总结出一些重点，抓住对方的心，果断、自信地进行答复，把握交谈的主动权，争取达到双赢的目的。

4. 关键30秒，决定你的未来

30秒电梯间理论是要求企业中的每一个成员，或是组织中的每一个成员，都具有非常优秀的总结和归纳能力，能够在短时间内归纳和总结，并且表达出自己的意见和看法。而当企业中的每一个员工都具备这样的工作能力的时候，企业的沟通将会畅通无阻，执行效率一定是非常高的。这也决定了我们以后是否能在经营过程中，通过一些细微的失误来提升管理，而不是重大过错以后，才去痛苦解决。麦肯锡理论更多的是防患未然，举一反三。

相信通过大家的努力，能在30秒内掌握事情的关键信息，那时，便是我们升职加薪的时刻。

莫法特休息法

在工作中，你是否常常觉得，持续一段时间的劳累会让你疲惫不堪，以至于没有精力再去做下面的事情？或是为了赶任务，你不得已继续持续工作，但是效率低下，根本起不到任何作用，下班之后，办公桌上依旧堆满了待办事项，其中不乏有一些是明天例会中就要呈交的报表或是需要尽快整理出来的客户回访单，所以，又要加班加点。因为加班，晚上的休息时间减少，第二天工作的时候，只能维持一段时间的高效，然后就昏昏欲睡，很没有精神，效率大大降低，然后又需要加班才能将任务赶出来……长此以往，恶性循环，造成我们工作效率低下，工作状态不佳。

小李是某家大型外贸公司的职员，为了业绩，他每天起早贪黑，兢兢业业、勤勤恳恳地进行工作。但是，每天总有忙不完的事情，就算晚上不用加班，周末也得牺牲自己的休息娱乐时间来把剩余的工作做完。小李很明确地知道自己效率低下的原因：因为自己喜欢一大早就来处理重要紧急的事务，而这些事情往往费神费力，于是，两三件事情做下来，不过才两三个小时，自己却觉得一天的精神都被用完了。于是，再继续下面的工作的时候，他觉得自己思考慢，反应慢，动笔也慢。于是，效率自然大打折扣，本来计划中能够轻松完成的事件，也因为精神疲惫而被往后拖延。小李也曾经尝试过将计划中的某些事项改变次序，先做简单容易的，然后再处理费力且艰难的，但是，工作效率似乎并没有太大的改进，依旧需要自己牺牲额外的休息时间，才能将领导交代下来的工作一件不落地完成。

小李为此苦恼不已，相信大家对这样的事情也都深有体会：谁愿意一直在本该属于自己娱乐休息的周末时间里，除了加班就是加班呢？无奈之下，小李向自己的主管去请教。主管听完小李的烦恼倾诉以后，向他提出了一个主要的时间管理法则——莫法特休息原则。即不要长时间地做同一种工作，而是要经常地做不同内容的工作，保持精神上的兴奋点，主动进行调剂和放松。

小李抱着试试看的态度，按照主管的意见，在工作到疲惫的时候，不再勉强自己继续处理工作任务，而是沏一杯茶，拿一本管理决策的书，看上十几二十页；或是打开邮箱，将客户的意见、咨询一一回复；或是浏览一下公司的新上项目，看是否自己能有好的主意。经过一段时间之后，小李觉得，自己的工作效率果然大大提高，能在大多数时候按时完成自己的工作任务，而且，精神上似乎也没有那么疲惫了。

大家在工作中肯定会遇到这样的情况：因为工作太多太忙乱，致使自己一直处于高压状态下，为了赶工作得不到休息，导致精神疲惫而效率大大降低，这时候我们就要学会莫法特休息法。所谓莫法特休息原则就是交替从事两件不同的事情，既可以得到放松，又可以提高工作效率。莫法特休息方法就是从一张书桌搬到另一张书桌，继续工作。

时间管理就是耕耘你自己。时间管理实际上是你把有效的时间投资于你要成为的人或你想做成的事。你对什么进行投资就会收获什么，你投资健康就会在健康上收获，你投资人际关系就会在人际关系上收获。尽管我们总觉得时间管理应该主要是与工作相关，但你的时间分配还是必须涉及八大领域，这才是对你最好的结果。比如在休息日，你也许该在家庭、健康、休闲上有更多的时间分配，而不是用于工作。为了达到这个目的，我们就要在工作中学会运用莫法特休息法，提高工作效率。那么，莫法特休息原则究竟能给我们带来什么好处呢？

（1）休息也是在工作，大大提高了时间的利用率。

（2）看似工作却是在休息，时刻保持充沛的精力和体力。

（3）在处理其他事务的时候花掉了一些时间，于是会对目前进行中的工作任务产生紧急感，迫使自己大大提高工作效率。

（4）有计划地使用时间。每件事情都有具体的结束时间点。

长时间从事单调的工作，人的兴趣会降低，创造力逐渐减退；运用大脑的特定区域的时间过长会导致神经紧张、用脑过度，容易使人疲劳；长时间的脑力劳动，会导致脑供血不足和大脑缺氧，思维因此变得迟钝，工作效率快速降低。所以，我们要学会莫法特休息法，交替进行不同的工作，将休息时间也大大地利用起来，创造最高工作效率。那么，在工作中要怎么运用莫法特休息法呢？

（1）休息不一定就是要停止工作，休息不一定就是要找个地方躺下来，休息也不一定就是要找个舒服的地方坐下来。

（2）不同工作中的轮替，有效地转移了脑力及体力老是处于同一状态下所带来的辛苦，同时也有效地调剂和放松了人的脑力和体力。

（3）其核心在于及时转换思维，避免其僵化。

如果长期从事某一项工作，人的思维会慢慢陷入停滞，思考的动力会丧失，新鲜感也会下降。如果能够在几个工作之间进行转换，也许这个问题就能够得到解决。但同时要考虑的是，能否快速实现思维转换，并投入到另一项工作中去。

从事某项工作一段时间，感觉工作效率开始降低时，就应该及时切换到另一项工作，从而使大脑的不同区域被轮流使用，这样既可以保持对工作的兴趣，又能使工作始终保持在时间报酬递增的区间内，从而提高工作效率，保持精力充沛。既然知道了莫法特休息法对于我们工作有着如此至关重要的作用，我们一定会在日常的工作中加以运用。那么在使用莫法特休息法时有什么需要注意的关键事项呢？

（1）善于利用零散时间。莫法特休息法的核心就在于善于利用零散时间，做一些例如处理邮件、回复客户电话之类琐碎的事情。

（2）自己做几份工作计划，长远的或近期的计划等。劳累的时候间歇进行。

（3）做任何事时都先计划一下，无论是工作还是娱乐，都要事先弄清楚目的，避免浪费不必要的时间。

时间孕育机遇，机遇来自时间，所以赢得时间也就是获得了机遇。美国管理学会主席吉姆·海斯说：“一个人可以学会更有效地使用多种管理工具，以便在同样多的时间里使自己更加富有成效。”

时间管理是对时间进行计划并在最短的时间或是预定时间内把事情办好。它是个人管理的一部分，本质上是在管理个人，也就是更有效地安排好自己的时间，产生最大的使用效率，从而在自己的工作岗位上做出贡献，实现自己的人生事业目标。

第五章

排除干扰，扫清浪费时间的障碍

不要让别人干扰了你

《论语》中有这样一句非常著名的话，常常被后人引用："子在川上曰：'逝者如斯夫，不舍昼夜。'"这句话说明时间具有唯一性，就像这河流一样，不会因为任何人而停止下来。这句话，曾让多少人感慨不已！

每个人都拥有相同的时间，但每个人都活在不同的时间里。青少年生活在自己的学习时间里，中年人生活在自己的创业时间里，老年人生活在自己的回忆时间里。生命就在时间河流中显示出不同的价值和意义。

有一位哲人说过："浪费别人的时间等于图财害命，浪费自己的时间等于慢性自杀。"可是，在我们的人生中，却常常遇到我们自己的时间无端地受到他人有意或无意的干扰。

植物育种家米丘林是一个非常珍惜时间的人。

俄国十月革命前的某一天，植物育种家米丘林正在植物园里工作。忽然，他家里的人跑来说："有位市长先生想要见见您。"米丘林头也不抬，仍在工作。家里人又大声地重复了一遍刚才的话。米丘林摆摆手。接近米丘林的人都知道，他是一个非常珍惜时间的人。在他眼里，一分一秒都是宝贵的。他常常把土具随时放在身边，为的是用的时候不必到处找，节省时间；他的手杖上有尺寸，为的是散步时也能测量树木的高矮，一物多用，节省时间。

“您知道，这可是一位市长……”家里人强调说。“我一分钟都不愿意白白度过！”说完，米丘林又忙着去修理一棵果树了。

也许米丘林的“处世方式”值得商榷，但他珍惜时间的思想却是非常值得借鉴的。

在8小时的工作中，我们一直受着各种各样的干扰，并没有全心地投入自己的本职工作。总有一些计划外的人找上你，使你的时间被分割、占用。如果你在办公室工作，你的客户和同事随时都可能来找你，他们不会顾及你正在工作。当然，现代社会，大多数人都需要与周围的人进行协作，关键是你知道什么情况下属于工作上的联络，什么时候根本就是有人找你闲聊吗？

“能和你谈一分钟吗？”有人礼貌地走进你的办公室，诚恳地向你提出请求，但事实上，他根本不知道谈话会用去多长时间。所以，假如下次再有人向你提出这个要求的时候，你不妨回问一句：“真的可以在一分钟内谈完吗？”或者说：“没问题，我现在就有一分钟，但如果你想多谈一会儿的话，我们另外安排时间好吗？”

这里，就是想提醒你一件事，千万不要让别人随便打扰和占用你的时间。一天只有8小时的工作时间，而这8小时应该是足够你应付日常事务的。如果你常常被一些不重要的人和事打断，以至于无法完成正常的工作，你就必须改变这种状况。为此，你要做的是：

1. 找出是谁总在打扰你

当你对那些接踵而至的打扰者不胜其烦的时候，请静下心来仔细考虑一下，通常是哪些人在打扰你，是你的下属、客户、朋友、还是家人？由此，你就可以制定相应的对策，避免你的时间被他们无端地剥夺。

2. 只选择20%有意义的事情

在纷纷扰扰的打扰事件中，通常只有20%是有意义的，值得你亲自去处理；而其余80%的打扰是没有任何意义的，你没有必要理会。怎样才能判断是不是有意义？标准是：看看与你的目标实现是否有重要联系。针对无意义的打扰事先制订出对策，防患于未然，减少一些不必要的打扰。

3. 找借口

找借口可以有多种形式，比如，你可以说："噢，真是对不起，我要去参加一个家长会……"，或者说"真是对不起，要是你早几天跟我打招呼就好了，我刚答应一个朋友""可不可以改约下一次，我最近事情太多了"，等等。

4. 到对方的办公室去

谈完一件事之后，我们通常不好意思要求对方立即离开。

所以，如果距离不太远的话，你可以到对方的办公室去谈论。这样，你自己掌握着主动权，谈完工作之后便可以离开。

5. 肯定地拒绝但技巧地表达

如果是你的上司分派任务给你，你可以明确地告诉他新工作如何影响了你更重要的工作，并向他建议其他可行之法。

6. 限制打扰时间

不妨对来访者说："我现在实在太忙，只有 5 分钟的时间和你谈。"这样，对方就会直接切入主题，双方可以迅速做出决策。要是对方说话很啰唆，你可以不停地看表或站立谈话等，暗示尽早结束谈话。

7. 另行安排时间

当有人突然来访时，如果可以另外安排时间谈话的话，最好另外安排时间。比如打扰的人是和你非常要好的朋友，你可以对他说："我很想和你聊聊，不过，我现在确实有急事需要处理。很抱歉，处理完这件事后我会马上和你联系。"主动权在自己手里，便可以根据自己的精力另外安排时间。

8. 把自己藏起来

当你正在忙于一项重要的工作时，你完全可以采取一种保障措施来排除来自任何方面和任何人的打扰。你可以关起门来办公，既不干扰别人也不让别人干扰你，这样可以保证你集中精力完成最重要的事情。而当你安安静静地完成这项重要任务后，再处理其他的事情也不为过。

9. 转移话题

转移话题通常不用回答对方刚刚提出的问题，以此来拒绝对方。

著名成功学大师卡耐基说过，无偿占用我们时间的人就是我们生命的“杀手”，我们要勇敢地拒绝他。因此，我们要坚决回避那些根本不重要的访客，为自己赢得自由的时间。当然你要熟练地掌握拒绝的技巧，这样，面对对方的要求时，你就能从容应对，既能保证自己不被打扰，又能很好地维护彼此的关系，使你的时间管理技能更加完善。

10. 表现出冷淡的态度

比如应付那些推销人员，可以采取不理不睬甚至冷淡的态度。当然，这并非教你做“冷血动物”，而是现实中有些人确实令人厌烦，如果你对他稍微表露出善意或微笑，他就会得寸进尺，就算你已经十分清楚地拒绝购买，他仍然会死缠烂打，不肯罢手。因此，采取冷漠的态度可以说是不得已而为之。

拒绝请求，学会说不

要实现为自己争取时间、赢得时间，就必须学会拒绝。比如自己正在工作时，领导请求自己去为他做一件家务事或者其他不重要的事情，或是同事让你帮助他在网上下载一些优惠券，等等。如果答应了对方的请求，就会耽误自己的时间。

而生活中有许多整天“瞎忙”的人，恰恰就是因为不懂得自己有权“拒绝别人”，不知道该如何说“不”。

英国作家毛姆在小说《啼笑皆非》中讲过这么一段耐人寻味的故事：一位小人物一举成为名作家了，新朋老友纷纷向他道贺，成名前的门可罗雀同成名后的门庭若市形成鲜明对比。

毛姆为我们描写了这样一个场面：

> 一位早已疏远的老朋友找上门来，向你道贺，怎么办呢？是接待他还是不接待他？按照本意，自己实在无心见他，因为一无共同语言，二来浪费时间；可是人家好心好意来看你，闭门不见似乎说不过去。于是只好见

他了。见面后，对方又非得邀请你改日到他家去吃饭。尽管你内心一百个不乐意，但盛情难却，你不得不佯装愉悦地应允了。在饭桌上，尽管你没有叙旧之情，可是又怕冷场，于是又得强迫自己无话找话。这种窘迫相可想而知……来而不往非礼也，虽然你不再愿意同这位朋友打交道，但你还是不得不提出要回请朋友一顿。你还得苦心盘算：究竟请这位朋友到哪家饭店合适呢？去第一流的大酒店吧，你担心你的朋友会疑心你是要在他面前摆阔；找个二流的吧，你又担心朋友会觉得你过于吝啬……

前几年春节联欢晚会上曾演出过这样一个小品：一个人为了避免别人瞧不起自己，假装自己手眼通天，别人求他办事，不管有多大困难一概来者不拒。为了帮别人买两张卧铺票，不惜自己通宵排队，结果闹出了笑话。

也许艺术有所夸张，但生活中的确不乏有与故事中的人物类似的人，他们不善于拒绝别人，怕会伤害彼此的友谊，于是经常违心地答应别人的要求，结果不仅浪费了大量时间，自己也经常觉得不自在。

学会拒绝别人，可以节省大量的时间，避免许多不必要的麻烦。虽然大家都知道接受不合理的请求会耽误自己的宝贵时间，但是，有的人还是不好意思拒绝他人。之所以出现这种现象，一般是由于以下原因：

（1）接受请求比拒绝请求容易做到。

（2）担心拒绝请求后，因触怒请求者而导致请求者的报复，或是破坏了原本和谐的人际关系。

（3）不了解拒绝他人请求的积极意义。

（4）不懂得如何拒绝他人的请求。

诚然，与人交往时帮助别人是重要的。尤其是主动的帮忙更会受到欢迎。但是，如果你是被某种心理压力所迫，对一切都点头答应，实际上是在屈服于另一种性质的某些动机，例如需要得到别人的接受或赞扬，害怕给别人带来不快和麻烦，希望别人对你感恩或有朝一日得到报答，等等。懂得珍惜时间，就应该学会说“不”。这里就有必要提醒大家：当自己不是心甘情愿时，别害怕讲“不”字。不可否认，拒绝别人的请求有可能引起对方的不愉快，并可能触怒请求者。但是，不应该因为有这种担心而来者不拒，要知道并非所有的拒绝都会导致不愉快的结果，如果学会了拒绝请求的技巧，就能够在一定程度上避免或消除以上的顾虑。

下面，我们将给大家介绍几种拒绝的方式，只有这样的方式才能既拒绝别人又不得罪他人，不恶化相互关系——

1. 以幽默方式说出“不”

罗斯福还没有当选美国总统时，曾在海军担任要职。一天，一位好友由于好奇向罗斯福问起海军在加勒比海一个小岛上建设基地的情况。罗斯福神秘地向四周看了看，对着朋友的耳朵小声说：“你能保密吗？”“当然能，谁叫咱们是朋友呢？”朋友挺有诚意地回答。“我也能，亲爱的。”

罗斯福一边说，一边对朋友做了个鬼脸，两个人大笑起来。可见，如果以幽默的方式说“不”，气氛会马上松弛下来，彼此都感觉不到有压力。

2. 以别的原因说出“不”

当一位你并不喜欢的人邀请你去逛街或吃饭时，你可以有礼貌地说：“我老爸要我回家练钢琴呢!”这种说法隐藏了个人的意愿，而用其他原因做借口，从而减轻对方的失望和难堪。

3. 以反弹方法说出“不”

这种方法要求别人以什么样的理由向你提出要求，你用什么理由进行拒绝，让对方无话可说。在《帕尔斯警长》这部电视剧中，帕尔斯警长的妻子出于对帕尔斯的前程和人身安全考虑，企图说服帕尔斯中止调查一位大人物虐杀自己妻子的案子。最后她说：“帕尔斯，请听我这个做妻子的一次吧。”帕尔斯却回答说：“是的，这话很有道理，尤其是我的妻子这样劝我，我更应该慎重考虑。可是你不要忘记了这个坏蛋亲手杀死了他的妻子!”

4. 以别的建议说出“不”

有人请你看一场话剧而你并不感兴趣，你怕直说会扫他的雅兴，这时你不妨提个别的建议来表示你的拒绝：“谢谢，不过今晚的足球联赛已进入决赛，我们还是看足球吧，怎么样?”

5. 热情友好地说出“不”

你想对别人的意见表示不同意，请注意把你对“意见”

的态度和对人的态度区分开来，对意见要坚决拒绝，对人则要热情友好。

6. 以岔开话题说出“不”

当别人向你提出某种要求时，他们往往通过迂回婉转的方式，绕个大弯子再说出原意，如果你在他谈到一半时就知道了他的意图，并清楚自己不能满足他的愿望时，你不妨把话题岔开，说些别的。让他知道这样做只会使你为难，他也就会知难而退了。

7. 以替代方式说出“不”

有一位教授问他隔壁的小男孩：“小军，你是愿意把梨子给伯伯吃呢，还是愿意把可乐给伯伯喝?”因为小军这时一手拿着雪梨，一手拿着可乐。没想到不到 5 岁的孩子竟说：“你快去，伯伯，我妈妈那儿还有!”这小孩脑瓜真是转得快，教授将他的军不但没有把他难住，他反而用了个替代方式将了教授一军。

8. 以要求对方满足某种条件说出“不”

《成功的公共关系》这本书的作者威廉·雷利博士曾向企业主管建议，当下属希望晋升，而他本身的条件又暂时不具备时，可以这样拒绝他：“是的，我理解你的心情，可是你知道每个要得到提升的人必须先使自己变得对公司更重要。现在我们看看，为此我们还要做些什么努力。”

9. 以客观与主观之间的矛盾说出“不”

当别人向你提出使你感到为难的要求时，你不妨先承认他的要求可以理解，并表示你也希望满足他的要求。但接着说出不容置疑的客观原因，从而拒绝他的要求。

从上面的内容可以看出，“不”固然代表“拒绝”，但也代表“选择”，一个人通过不断的选择来形成自我，界定自己。因此，当你说“不”的时候，就等于说“是”，你“是”一个不想成为什么样子的人。

勇敢地说“不”，这并不一定会给你带来麻烦，反而是替你减轻压力。如果你现在不愿说“不”，继续积累你的不快，有一天忍耐到了极限，你失控地大吼：“不!”面对难以收拾的残局，别人可能会反过来不解地问你：“你为什么不早说?”

如果你想活得自在一点，有时候，你可以勇敢地站出来说“不”。记住，你不必内疚，因为那是你为人的基本权利。

总之，不管采用什么方法，都应该尽量避免让别人控制自己的时间。而恰到好处地说“不”，既能获得别人的谅解，又能保证自己的时间，何乐而不为呢?

报告要简约而不简单

“一目了然”往往比“烦琐冗长”更能节省时间，办公中更应注重节约时间的问题。写报告也是如此，简约而不简单，不但可以体现出超强的办事效率，也可以给人一种精明干练的感觉。

职场中免不了写报告、做方案。如果写报告的时间浪费起来，就不仅是烦心这么简单了，还会造成工作时间的浪费、直接降低工作效率。

写报告如同穿衣服，不知你有没有听说过这么一句话：“十件单，抵不上一件棉。”这是穿衣服很肤浅的道理，说的就是穿上10件单衣虽然多却还不如穿一件棉衣暖和，借此可以很形象地形容费了很大力气却没能达到理想目的的行为。

会不会经常出现这种情况：辛辛苦苦、费尽心血做出来的方案，老板只是粗略地看一遍就否定了？这时你的内心会是怎样的感觉？大骂老板有眼无珠？可如果换位思考你便很容易找到答案的：报告冗长，空洞乏味，没有深层意义，看起来既麻烦又得不到想要的内容，白白浪费了老板的时间和精力，老板无论如何也不会接受这样的报告或方案的！即使你的报告写得很好，老板又哪里会静下心来看那么烦琐的文字？有时老板要的仅仅是赚钱的可行办法，需要你做的是以最快的方式拿出简单、可行的办法，让他一目了然能够看到效益的实施途径与方法，而不是拿出一篇文字功底扎实的论文。

王忠是某公司销售部的主管，业绩一直很不错。他一心想通过努力坐上高级管理层的位置。苦苦等待的机会终于来了：他们公司这个地区的业绩做得相当好，所以地区总经理被调到别的地区开发新市场去了，而原来的副总很自然地就提到了正职的位置上，副总的位置也就空下来了，公司常委会决定从下面有能力的几位主管当中提拔一位，填补这个空缺。

几个有可能升任的主管都跃跃欲试、明争暗斗，拿出了各自的看家本领争取这个位置。王忠也不例外，因为他的业绩相当突出。

经过常委会层层考核，王忠和另一个部门主管小刘进入了最后的候选名单。最后一关就是由刚刚升任的总经理亲自考核。

半个月后，名单公布了，王忠的职位没有变动，还做他的部门主管，胜利的是同他竞争的小刘。这令王忠百思不得其解，细细想来，这其间总经理只让他们作过一份关于销售的报告，而那份报告王忠是用了几天的时间精心写出来的，他自认为比竞争对手小刘的只强不差。

名单公布的第二天，总经理让秘书把王忠叫了过去，一是为了安抚王忠落选后失落的情绪，让他再接再厉好好工作；二是向他解释一下为什么没有让他升迁的原因。

总经理对他说：“作为一个高层管理者，学会写一份有价值的报告是很有必要的。当然你写的报告我已经认真看过了，里面分析的问题很详细、说得也不错！这个是小刘的报告，你看一下就明白为什么没有提拔你而提拔他了！”说着从抽屉里拿出一份报告摆在王忠面前。

王忠心里也一直在纳闷，是不是小刘在报告里做了手脚？可看过小刘的报告才知道，果然问题就出在报告上：小刘的报告虽然文笔没他好，但是小刘的报告简洁凝练，篇幅不长却把整个报告的精华叙述得一目了然。

王忠终于弄明白了，自己进入高级领导层的梦想就是被一份小小的报告毁掉的。

报告的力量就是这么大，有时甚至更大。作为一个老板，他一天的工作已经非常忙碌，根本没有足够的时间仔细阅读报告方案。如果员工的报告简洁凝练，老板就能快速了解员工报告的内容，迅速做出决策。

另外，写作报告可以采取附上概要的办法，方便老板快速抓住报告的中心思想。

报告要做到简约而不简单，能够为办公、为老板节约大量的时间。效率就是这样提高的，节俭办公也是这样实现的。老板因此会认为你是个精明且有心的人，从而肯定你的工作能力，也许某一天会把晋升的机会拱手送给你呢。

逐项完成工作计划

在面对大堆繁杂的工作时，有时候我们忍不住会先挑选一些简单或是紧急的事情去做，而那些需要查阅大量资料或是这周用不到的文件，就会被推到后面去了，等到时间空闲了或是紧急的事情做完了，再回头接着处理。也许有的时候，这种方法的确很奏效，起码让我们在老板规定的期限之前，将工作完成了，但是，也会有一些时候，因为当时没能很好地处理这件事情，又因为遇到一些困难，当时没能解决，在任务期限即将到来的时候，我们就乱了手脚。这时就不得不放下手头的工作，去处理急需解决的工作，甚至将整天的计划打乱。于是，要么加班，把计划上的任务都完成，要么将一周甚至一个月的计划，都要重新改变。

相信出现这样的情况时，不仅工作效率没能如期望一般提高，反而是浪费了自己不少时间，并且打断了工作思路。自己手头上的事情又多，怎么可能拿出大把的时间专门去为一件事情查询资料、写报告呢？这样的事情，等完成其他事务的时候，放在工作的最后去做不是正合适吗？是不是真的合适，看看结果就知道了。相信大家都看到了，这并不是最合适的处理方法。

刘新芳在学校的时候是数一数二的好学生，成绩优异，动手能力强，阳光开朗，乐于助人，不管是老师还是同学们，都对他赞赏有加。刚刚进入社会，踏上工作岗位的时候，她也是信心十足，对工作充满了热情，每天都是积极主动地进行工作，查缺补漏，事事抢在计划前。但是，很快，刘新芳的热情就被繁杂的工作给淹没了。为了应付差事，她每天在进行工作的时候，都是先挑选简单的、不费时的来做，而那些复杂、需要查询许多资料的，或者是需要向领导征询意见的工作，就被搁置到一边了，等到领导想要的时候，才抽出时间来匆匆忙忙地去解决。结果，自然是不能让领导满意，而刘新芳的工作效率也并没有比别人好。

眼看老板对自己越来越不满意，而刘新芳也常常把自己搞得焦头烂额，连休息的时间都没有。于是，刘新芳主动去向人力资源部的陈经理请教，希望能提高自己的工作效率。陈经理听了刘新芳的基本情况之后，向她提了一个小小的建议——改变自己的行事习惯，按照重要紧急程度，逐项完成工作任务，遇到困难积极解决，而不是束之高阁。

刘新芳恍然大悟，按照陈经理的建议改变了自己的习惯，每天下班前都为自己第二天的工作做一个详细的计划列表，然后根据计划来完成每一项工作，并争取赶在计划前将工作完成，而不是拖延。一个月之后，刘新芳发现自己的工作状态果然好了不少，工作效率也大大提高了。对于老板所看重的事情，也有更多的时间去精细美化，妥善处理，老板对于刘新芳也渐渐器重了。

工作中，不光是一成不变的例行事务，我们也经常会遇到一些不常见的意外事件，这些事件有的时候会远远超出我们工作的难度范围，但偏偏又是公司的重要工作。这时候，你是要逃避还是迎难而上？若是就此把它搁置，想必也避免不了要完成该工作的任务，但往往会花费更多的时间，而即刻就着手去做，将困难一一解决，则可以省下更多的时间。

在工作中，我们也常常会感到倦怠，这个时候，大家都会忍不住去找一些轻松简单的事情来做，而将有困难或是复杂的事情先放起来。那么，这种做法究竟会导致什么样的结果呢？一次拖延之后，第二次仍然忍不住想要拖延，结果拖来拖去，就到了工作的截止日期。为了应付差事，给老板一个交代，不得不草草了事，不仅老板不满意，对你颇有微词，自己还在无形中养成了懒惰的坏习惯，降低了自己的工作效率。所以，我们要按照计划逐项完成工作任务，遇到困难也不要逃避，而是想办法去解决它。那么，逐项完成工作任务有什么好处呢？

（1）按照计划行事，时刻保持效率。不论简单的还是困难的事情，都按照计划上的时间来逐项进行，就不会打乱工作计划，时刻提醒自己注意工作效率。

（2）培养解决困难的信心和决心。计划单上的每一件事情，都规定了开始和结束的时间，我们要在规定好的时间内解决好这件事情，就要奋勇而上，面对困难不退缩、不逃避，积极想办法去解决。

(3) 改变懒惰拖延的坏习惯。人都是有惰性的，遇到困难都喜欢往后拖延，而按照计划逐项进行工作，就可以遏制自己的这种想法，不允许自己懒惰，任何事情都要积极主动地去解决。

(4) 养成“当日事当日毕”的好习惯。既然是属于自己工作范围内的事情，不论是眼下立即着手去做，还是拖延一段时间，都是避免不了的，那么，何不在当日就去完成呢？

每个人都会做规划：明天晚上去看什么电影，下个周末去拜访哪些朋友，明年夏天去哪里度假……计划有大有小，有的计划比较符合实际，而有的计划则不太现实，有的计划是长期，有的计划则属于短期，有的计划并不重要，而有的计划则影响深远……但是，如果只是制订了计划或是规划，而不去实行的话，又有什么意义呢？只有在执行的过程中，我们才能随时检查自己的计划执行情况，主动找出其中的问题、错误的假设以及遇到的困难等，并随时在必要的地方进行修整。所以，我们要按照计划做事，而不是一味地拖延。

(1) 在日常管理上下功夫。日常事务千头万绪，我们常常不知道该从何入手，做了这件忘了那件，所以，我们要对日常工作进行排队分类，让工作井然有序。

(2) 及时发现工作中的细小问题。随时检验自己的工作进度，发现问题并加以修正，同时也可以解决掉“计划跟不上变化”的问题。

(3) 清楚自己的目标和标准。每一天都要完成些什么事情，该做到什么样的程度，都要自己在心里一清二楚，姑且及时去实施。

（4）工作的内容越是复杂，参与实施计划的行为主体和涉及的环节越多，越需要及时着手去做。

无论是处于顶级或底端的人，都知道列出“事务清单”的重要性，但二者之间的区别就在于：前者能够坚持每天都这样做，而后者却并非如此。要想在有限的时间里完成尽可能多的工作，其中一个秘诀就是每天都为自己的任务列出清单，把它放在身边，并让它来指导你每一天的具体工作。我们已经了解到要长期坚持工作计划并且取得成效，就是要逐项完成工作计划，而不是拖延，那么，在具体的工作实施过程中，我们还需要注意哪些具体事项呢？

（1）不要为无法完成全部任务而焦虑。有时候，我们并不知道在具体工作的过程中，究竟会遇到些什么事情，具体需要用多少时间去解决，所以，在遇到额外困难的事情时，花费的时间可能要大大超乎我们的想象，以至于后面的事情没有时间去完成。这时候，大可不必为此而焦虑，只要逐项进行工作计划，将大部分事情都完成，也是高效的一种表现。

（2）一定要清楚每个工作任务的截止期限，若是没有期限，就要自己给它制定一个明确的期限，随时鞭策自己，不要懒惰。

（3）遇到困难要积极主动。工作是你的，工作中的难题自然要由你来解决，不要把责任推到别人身上，或是指望老板来给你指明，而是要自己积极主动地寻求解决办法。

时间不够用，成了现代人的常态。事赶事，人赶人。但是如果人被事情拖着走，那么一定是出了问题，所谓的忙昏了头。所以，我们一定要改变拖延的坏习惯，要按照计划逐项推进工作，即使面对困难的工作任务，也要主动去解决，而不是拖延或是逃避。这样才能真正掌控属于自己的时间，大大提高工作效率，使自己在有限的时间内完成更多的工作，提高自己的工作价值，成就自己的幸福人生。

如何应对来自领导的干扰

在工作中，耽误时间的因素很多，其中就包括领导，有的领导喜欢做甩手掌柜的，无论事情大小，都一律推给下属去做，这样就耽误了下属的时间。因此，为了排除来自领导的干扰，节省自己的时间，针对不同的领导，可采取以下方法：

1．当领导反复问某个问题时，要加深他的印象

有的领导属于健忘型的，经常会就某一个问题反复问下属，他们什么时候想起了某件事情，也不管下属在做什么重要的工作，就把下属叫过来询问。一边询问，一边思考，这样每次下来就需要几十分钟甚至两三个小时。而事实上，这件事情下属已经告诉过他多次了。如果遇上这样的领导，应对的方法是：当他在问某个问题或对什么有疑问时，自己假装不明白，故意多问几遍，以加深领导对该问题的印象。在最后，还可以对领导的问题及自己的回答进行概括，用简短的语言重复给领导听，让他牢牢记住他问的问题。

有的领导，明明刚才把某个材料送给他了，他还会非常

肯定地说根本没见到。

对于这样的领导，可行的办法是，送材料时不要一放就走或托人转送，可适当延长与他接触的时间，也可借故对材料做些具体解释，如有旁人，要让他们也知道有这样一个材料，以扩大影响，增加旁证。如果是一些重要材料，必要时可以让领导签字，一般不要托人转送。如果必须转送，可在送前或送后再打个电话向领导说明。

如果你是一位文秘人员，当接到上级文件或书面通知时，比如要领导参加某个会议或活动等，要么把通知直接交给他看，要么把通知写在领导的台历上。如果是电话通知，一定要把具体内容写成书面通知，直接送交领导；如果领导人不在，可以将通知放在他的办公桌上，最好是非常明显的地方，事后见面时要重复一下。

2. 当领导布置任务含混不清时要及时记录

有的领导在布置工作任务时没有讲清楚，比较含糊、笼统，没有明确具体的要求；既可以这样理解，又可以那样理解；有的甚至前后互相矛盾，令下属不知道该如何操作和实施。一旦下属按照自己的理解去做了，有的领导就会责怪，说他的要求不是这样的。如果遇到这样的领导，在接受任务时，一定要详细询问具体要求，特别是在完成时间、人员落实、质量标准、资金数量等方面，应尽可能明确些，并一一记录在案，让领导核准后再动手去做。这样不至于浪费时间。

如果请示某项工作，要求得到领导的具体指示或明确答复，而领导却“哼哼哈哈”后，没有明朗的态度，有的只是说“好的，知道了”，有的则说“这是小事，你看着办吧”；或者，请示或汇报的事情彼此冲突，领导也没有明确指示。对此，可采用提供语言提示的方法，如“您的意思是……”让领导续接，或者用猜测性判断让领导回答，如：“您的意思是不是……”当领导有比较明确的判断之后，应该立即将领导的意图重复几遍，也可以进一步延伸，让领导确认。

在工作中，一些领导还会通过其他方式干扰下属的工作，为了不耽误自己的时间，在尊重领导的前提下，要及时总结经验，找到应对的方法，这样才能保证自己的时间不被浪费掉，保证有效工作时间。

婉转暗示，莫误我时

有效利用时间，是创造最大效益的关键因素。为什么同样的时间、同样的工作量，有的人能够轻松完成，有的人却只完成了一点儿？关键原因是有的人上班时间闲聊天，浪费了大量时间，影响了工作。在上班时间内，常常有人跑到你身边对你说：

“下班后，我们去物美逛逛吧，那里的很多日用品都在打折。”

“听说某某大学有个副教授生了二胎，被学校辞退了。”

“听说财务部经理准备和他的妻子离婚，据说是因为妻子有了外遇。”

“小李买房子啦，据说有一大半购房款是他丈母娘给的，他命真好啊。”

“你说我这套衣服怎么样？”

……

有的人喜欢聊天，不但在家聊，在办公室也能神聊，从这个办公室串到另一个办公室，不珍惜自己的时间，也不珍惜别人的时间。这些人聊的内容几乎与手头上的工作没有任何关系。当然，他们在闲聊时，也就停下了手里的工作。

有位科学家曾感叹地说：朋友和熟人是时间的贼。我一辈子都在节约时间，但我节约的时间远远没有被我的朋友、熟人、同乡耽误的时间多。他们不知疲倦地对我讲那些没有任何益处的笑话和逸事。

事实上，上班聊天是最浪费时间的行为，不但影响自己的工作，降低了工作效率，还会影响到周围同事的工作。更重要的是，由于闲聊分散了精力，工作就容易出现差错，从而给公司造成损失，也会影响自己的发展。

董然是一家商贸公司的职员。这天上班后，他打开计算机，发现公司的一位客户从东北发来一封电子邮件，邮件中说他手里有一批大米，每吨3000元，希望董然给他回复一个邮件，说明愿不愿意要这批货，如果要，需要多少，都要在邮件里一一注明。

董然因为不知道这批大米的质量是否有保证，因此只愿意购进少量大米，先进行试销，如果销量好，再另外采购。可就在他准备回信时，他的同事小玫进来取一份资料。

董然见后，停止写回信，对小玫说："你今天真漂亮！"

"是吗？"小玫听到赞美后，非常开心，便索性坐到董然身边，和他聊了起来。

董然很乐意与小玫聊天，一聊就是半个小时。等小玫走后，他发现离自己必须参加的一个会议只剩下5分钟的时间了，而会议室在8楼，他的办公室在1楼，他知道电梯坏了没有修好。这下，董然着急了，他的手指在键盘上飞快地敲击着，想在最短的时间内把邮件写好发过去，却没有发现自己将原本公司需要的100吨大米的“100”后面多加了一个“0”，变成了“1000”。后来，所购大米的质量出现问题，根本无法销售出去，结果公司损失了一大笔钱。

经理知道这件事后对董然说：“你可以走人了，我们公司不需要一个对工作不负责、上班时间内只知道闲聊的人。”

就因为董然在工作时间不专心干工作，而与同事闲聊，结果浪费了时间，同时给公司造成了巨大损失，自己也尝到了失业的苦果。

古今中外许多名人、学者都千方百计地减少这种无谓的时间浪费。诸如沈钧儒的“闲谈无过5分钟”，柯云路的“谈话请短”“谈话勿超10分钟”等，无不是以此启示来客，谢绝闲聊。

谢绝闲聊的方法有很多，但还是婉转暗示比较合适。看见闲聊者朝自己走来，可立即埋头工作，或眼睛凝视空间，或手里拿着笔，或立即埋头于文件堆，让聊客相信自己正在专心工作，知趣离开。

如果没能把闲聊者拒之门外，他闯进你的办公室，已打开话闸子时，你应保持冷淡，只是偶尔点头或摇头，不予搭话；也可作简短的回答“是”或“不是”“哦”“不知道”

“嗯”，以暗示无暇闲谈；若聊客仍然口若悬河，你可起身做些杂务，暗示自己工作太忙了，实在没时间听你说话，令其扫兴而去。

对正在滔滔不绝的闲聊者，应不失礼节地说：“你真好，一点都不忙，我真的太忙了，可惜，你又不能给我帮忙。”；或看看手表说：“刚领导要一份资料，我得去送资料了，今天没空，以后有时间我去你那儿聊。”如果自己感到与对方闲聊有益，或喜欢与其交谈，但当时确无时间接待时，可提议推迟在下班后或共同进餐时进行交谈。

长时间的闲聊、马拉松式的漫谈和有害无益的瞎扯，不但会浪费大量时间，而且会耽误应该干的事。婉转巧妙的暗示，既不伤感情，又可防止因闲聊浪费时间。这要比心急火燎、焦虑不安地听下去更胜一筹。

如何排除下属的打扰

有些领导浪费时间现象很严重，在浪费时间的各种因素中，下属干扰是其中的一个因素。如果采取的办法得当，这种干扰因素完全可以排除。

武文华是某公司经理。一次，他正在为准时配货忙得不可开交，一名女职员突然要求请两小时的假，因为家具店将送一批家具到这名女职员家里，她必须回家开门并验收。武文华听了这位女职员请假的理由后，没有立即准假，他真诚地对女职员说："我清楚买贵重家具一定要亲自验收，毕竟买家具是大事，谁家也不可能总更换家具。只要有可能，我会准假的。但问题是，公司的产品必须在今天下班之前交货。如果无法按约定时间交货，我们将丧失一位大客户。这个工作恰恰又是由你来负责的，所以你今天不宜请假。你看这样好不好？你现在可以打电话给家具店，就说你今天太忙了，请他们明天上午送家具过来，到那时我们已经交了货，而你也有足够的时间在家处理私事。"女职员听后，觉得武文华说得很有道理，就按照他说的去做了。

为了防止下属的突然打扰，管理者可在工作中注意以下细节：

（1）每天抽出一定的时间，专门解决下属提出的各种问题。这个时间最好要固定下来并形成制度，如果领导临时有急事，就要及时通知大家。

（2）对下属明确地分工，让他们做好自己分内的事情。

（3）对下属的请示，要立即给予肯定或否定的答复。

（4）明确下属的各种责任或权限，让他们有更强的责任感。

（5）要想提高下属的工作效率，领导就要果断决定，今天的事今天处理完毕，不要让下属觉得必须催促领导，领导才处理。

如果你能做到以上几点，就可以在一定程度上排除来自下属的打扰。此外，如果不愿意下属打扰自己，自己就不要随意去打扰下属。让双方都科学地安排好自己的时间，这样才能在有限的时间内，最大限度地干好各自职责范围内的事，以保证企业整体工作效率的不断提高。

第六章

精打细算，充分利用时间

善于把时间博观而约取，精心使用

生活中有很多零碎时间是大可利用的，如果你能化零为整，那你的工作和生活将会更加轻松。正如华罗庚所说："时间是由分秒积成的，善于利用零星时间的人，才会做出更大的成绩来。"

所谓的零碎时间，是指不连续的时间或一个事务与另一事务衔接时的空余时间。这样的时间往往被我们忽略。零碎时间短，但如果能日复一日地积累起来，其总和将是相当可观的。凡在事业上有所成就的人，几乎都是能有效地利用零碎时间的人。

诺贝尔奖金获得者雷曼说："每天不浪费剩余的那一点时间。即使只有五六分钟，如果利用起来，也一样可以产生很大的价值。"生物学家达尔文也说过："我从来不认为半小时是微不足道的一段时间。把时间积零为整，精心使用，这正是古今中外很多科学家取得辉煌成就的妙招之一，是值得我们借鉴的。"

当你一直想做某件事情的时候，你或许经常会感到时间紧张，根本没有时间去做许多重要的事。其实，这不过是在为自己找托词罢了。

三国时期的董遇是个很有学问的人，自然前去拜他为师的人很多，但他要求学生首先要“书读百遍，其义自见”。当求学者抱怨地说“怎么会有读百遍的时间呢?”他则回答说：“当以‘三余’即‘冬者岁之余，夜者日之余，阴雨者时之余’也。”这“三余”的利用，正是零碎时间的聚积。能以小积大，这是时间的独特之处。

我们常常这样说：“噢，还有三五分钟就要开饭了，什么事都干不了。”但实际上，一些伟人就是充分利用了这些被许多人轻易浪费的时间，从而为自己建立了人生和事业的丰碑。那些被你虚度的时光，如果能够得到有效利用的话，完全有可能使你成为杰出人物。

有的人觉得，读书、写作、科研，就得有大块时间，零散时间在他们看来是微不足道的，这样想的人，是永远做不成大事的。汇涓涓细流方成浩瀚大海，积点滴时间而成大业。“点滴”的时间看起来是那么的不显眼，但这些零碎的时间积累起来却大有用处。

朗费罗每天都会利用等待咖啡煮熟的10分钟时间翻译《地狱》，他的这个习惯一直坚持到这部巨著的翻译工作完成为止。比彻在每天等待开饭的短暂时间里读完了历史学家弗劳德长达12卷的《英国史》。

《失乐园》的作者弥尔顿是一位教师，还是联邦秘书和摄政官秘书。在繁忙的工作之余，他注意利用一些零碎的时间，坚持苦读。休·密勒是一个石匠，赚钱养家糊口是他的天职。他每天在努力工作的同时，还把一些零碎的时间积累起来阅读科学书籍，最终他根据自己和石头打交道的亲身经历写出了一本充满智慧和才气的大部头著作。

以上事例充分说明，只要你善于利用零碎时间，持之以恒，完全可以成就一番大事业。

有人曾经这样算过一笔账：如果每天能够花上 15 分钟看书，一个中等水平的读者读一本一般性的书，每分钟能读 300 字左右，这样的话 15 分钟就能读 4500 字。一个月就可以读 135000 字，一年的阅读量可以达到 1620000 字。如果一本书籍的篇幅以 10 万字算，每天只是读上 15 分钟，一年就可以读完 16 本书，这个数目是相当可观的，远远超过了世界上人均年阅读量，而且这并不难实现。

懂得零碎时间的价值是一回事，会不会巧妙地运用零碎时间又是一回事。利用零碎时间，就要掌握下面几个技巧。

（1）并列式。即你在同一时间里做两件事，比如在你做饭、散步，或者是上下班的路上，都可以适当地一心两用。很多人在下厨房做饭时，仍能考虑工作问题；有的还准备好笔和纸，一边干活，一边构思，对工作有什么新的想法，马上就记录下来。

（2）嵌入式。指的是在工作排满的情况下，再通过巧妙安排，嵌入一定的工作。一是在一天中工作已排定的情况下，再多安排一些其他工作；二是在做其他工作的同时，再安排一些可以做的其他工作。这样可以挤出宝贵的时间，从事其他更重要的工作，其方法有以下三种：

第一种是重叠式，即在某项松散活动进行的同时开展另一项活动。把两三件不甚用脑的事放在一起，同时进行。例如利用吃饭间歇记外语单词、背古诗，打扫卫生时听音乐，旅行坐车坐船在与邻座聊天时做社会调查，或了解当地风土人情。奥地利作曲家莫扎特常在理发时考虑乐曲创作，情不自禁地记下构思出的新乐曲。他说："谁和我一样用功，就会和我一样成功。"

第二种是类似式，即在某项工作占用的时间中加进类似的内容。如公司开会研究人事安排，为了节省时间，可以增加同类内容。如职工学习、人才培养、工资福利；在研究生产问题时，可以增加销售、资金回笼内容。这样不仅节省了时间，而且提高了工作效率。

第三种是统筹式，即对工作、学习、家务统筹安排。你可以利用家在单位近的条件，中午休息时回家整内务，为晚饭做好准备，下班后争取早吃晚饭，收拾完家务，挤出时间自学；根据季节不同、蔬菜品种不同，一周或半个月买一次菜，省出时间进行写作；公司发了电影票、戏票，让爱人带着孩子去看，自己腾出时间学习。节假日，把爱人和孩子送回奶奶或姥姥家，争得时间搞科研。

（3）压缩式。即在必要的时候延长自己某次活动的时间，把期间的零碎时间压缩到最低限度，使一项活动尽快转为另一项活动，免去很长的过渡时间。

相信如果你能够按照上面的方法坚持下去的话，就会大大地提高自己对时间的利用率，在不变的时间内创造出更大的价值来。

很多年轻人很少意识到"小额投资足以致富"的道理，对零碎时间的掌握也足以助人成功。在人人喊忙的现代社会，谁懂得管理时间，谁就可能多储存一份能量。

在上下班的途中见缝插针

每个上班族都会有这样的想法，上下班的途中是最难熬的时间，因为这是高峰期，所以车厢内通常都拥挤不堪，这会让人感到非常不舒服。在车上，我们总是迫不及待地盼望到达目的地，那样我们才能松一口气。

但是我们却常常忽略了这段时间，如果你每天上下班都要在路上度过 3 个小时，那么请你想一下，这 3 个小时，你都做了些什么？也许大多数人都会说：“哦，在车上，能做什么呢？”不，如果你是一个善于利用时间的人，你就不会让这 3 个小时白白丢失在拥挤的车水马龙中。

刘先生今年 27 岁，从事广告设计工作。他从家去公司单程大约需 1 小时 20 分钟，往返近 3 个小时，这绝不是个短时间。由于公司非常忙，所以，以前他觉得最轻松的时间就是这上下班路上的时间。没有座位的时候，他就站在人群里，漠然地看着窗外，脑子里一片空白，什么都没有。偶尔有座位的时候，他就会抓紧时间眯一会儿。但是，最近他的想法变了。

有一天，他看到了一篇建议合理利用上下班途中这段时间的文章，他忽然想到了自己。如果把自己上下班途中的这3个小时换算成金钱的话，那该有多少价值啊，可惜这些时间都被自己莫名地浪费了，真是可惜。这样一想，他得出了可以把这3个小时活用于工作的结论。

从这以后，他改变了自己的心态。由于他是搞广告设计的，所以，他开始处处留心车厢内广告和窗外大街上悬挂的各类广告。看着这些五花八门的广告，他就在心里想，要是自己的话，会怎么做，然后再和原来的广告比较，看哪个更有优势。有时，灵感忽然降临，他会为自己新的点子兴奋不已。

为了能搜索到更多、更新的广告，他有时甚至会改变自己回家的路线。总之，他与以前大不一样了，以前他总是感觉每天在车上的日子是最难熬的，但是现在他总是睁大了眼睛在搜索信息，以致忘记了时间的流逝，感到这段时间真是美妙极了。更重要的是，他的思维由此变得更加敏捷，有不少在车上想起的点子都在工作中得以应用，这让他自豪不已。

对年轻女性而言，时装杂志的广告是掌握时装、鞋、包、化妆品等信息的最佳途径之一。只要扫一眼标题，你就会知道流行趋势的变化。再说，即使实际上准备买杂志，因为脑子里已经有了标题的信息，也用不着特地站在店门口翻看之后再挑选。这是节省时间的好机会。

当然，在车上并不是只有看广告这一件事可做，比如你可以利用上班途中的这点时间，给自己一天的工作做一个安排。方便的话将自己要做的事写在便笺上，每一张便笺写一件事，几点到几点之间干这项工作也记录下来。一到公司，就把这些便笺按照时间顺序，贴到办公桌上个人电脑显示器的右上角。这样即使因某种原因需要改变工作的优先顺序，也只是上下挪动一下便笺顺序就可以了。

在这个知识飞速发展的社会，如果你停止了学习的脚步，那么你终会有一天被淘汰。但是要想再走进校园去读书已经不可能了，平时除了上班还有许多其他的事情要做，想抽出专门的学习时间真是困难。那么为何不利用上下班的这段时间学习充电呢？

王月在一家外企工作，平时工作很紧张，但是为了以后有更好的发展，她想参加英语八级考试。但是平时她回家还要做家务，照顾刚刚两岁多的儿子，根本抽不出时间来学习。后来，她想了一个办法，就是充分利用每天在车上的几个小时默记单词和听英语。这样她每天就可以保证3个多小时的时间来学习，这样坚持了半年多，她终于通过了英语八级考试。在得知自己考试通过的那一刻，她说："这一切都归功于上下班路上的学习。"

时间的价值是“挤”出来的

鲁迅说：“哪里有什么天才，我只是把别人喝咖啡的时间都用在工作上了。”一天24小时，我们每一个人都用它投资来经营自己的生命。但是经营的结果却截然不同，一些人懂得时间是挤出来的，所以哪怕是一点一滴的时间他们也会合理利用起来。结果他们的一分钟变成了两分钟，一小时变成了两小时，一天变成了两天……他们用上天赐予的时间做了很多的事，并且最终换来了成功。

亨利·福特说：“大部分人都是在别人荒废的时间里崭露头角的。”这也就是在告诫我们，要想取得比别人更大的成绩，就要付出比别人更多的时间，而要想在有限的时间获得更大的价值，就要学会“挤时间”。

我们常常听到一些人抱怨说：“太忙了，我没时间。”所以，一年一年过去了，他们仍然一事无成。每个人每天都只有24小时，善于挤时间的人能让24小时增值成25小时、26小时……但是有的人却只会让24小时贬值，再贬值。

许多伟人之所以能流芳百世，一个重要的原因就在于他们十分珍惜时间。他们在一生有限的时间里，不但充分利用上天赐予他们的每一分每一秒，还善于把隐藏的时间找出来，一刻不停地工作、积累、进步。

当今社会竞争越来越激烈，竞争归根结底是人才素质的竞争。要增强竞争力，就必须不断充电，提高自身素质，跟上时代发展的步伐，否则就会落后于时代，就会被社会所淘汰。随着现代生活节奏的加快，时间显得更为紧迫。然而，我们又经常面临这样一种困境：想要不断地进修，提升自己，但总觉得时间不够用。怎么办？答案只有一个，就是挤时间。

提前完成工作后考虑更长远的计划

当我们渐渐学会了对时间的管理之后，工作就会轻松多了，时间上也不会再紧张，偶尔也会有提前完成工作的时候。那么这时候，我们是要闲下来无所事事呢？还是提前开始明天的工作任务，或者做其他事情？相信每个人都有自己的安排，但是，哪一种方法才是最合适、最有益于自己职业生涯发展的呢？不妨静下心来认真考虑一番。

当工作紧张的时候，我们常常会抱怨自己没有时间，没办法为自己的未来多做一些打算，想一下更长远的计划，那么，在某一天工作任务比较少，能够提前完成并且没有其他紧急事情的状态下，就来想一想自己的职业规划或是人生计划，根据自己目前的状况和想要达到的高度，来给自己制订一个更长远的计划，按照计划去完善自己的人生。这样，就不至于会出现无所事事或者不知该做什么好的情况了。

刘旺才自参加工作以来，已经有两年多的时间了，在熟悉业务的基础上，他对各方面的时间管理和分配也有了一定的掌控，所以，再次处理事务的时候，也变得井井有条。很多时候，他都能在下班前提前完成自己的工作，于是，剩下来的这十几二十分钟或者只有几分钟的时间里，刘旺才常常不知道该做什么好。即使有一堆想看的书，想做的计划，想复习的资料，或者是明天就要开始的工作，但是，他看看这个，再看看那个，就是提不起精神来做些什么。很多时候，他也不知道自己究竟该做什么打算，在这个岗位上要做到什么时候，打算在公司有什么发展。于是，大多数情况下，这些时间就这样被浪费掉了，看着一起进公司的好几位同事要么跳槽，要么继续深造，要么已经升职，刘旺才对此很苦恼，也很想改变自己目前的情况，可就是不知该从何下手。

一次全体员工聚餐的时候，刘旺才见到了跟自己同一批进入公司却早已升职成为科室主管的小杨，两人共同回忆起刚刚进入公司时的时光，相谈甚欢。餐后，谈起各自的职业规划，刘旺才感觉很惭愧，不知道要说什么，于是，借此把自己目前的困窘状况向小杨倾诉了一遍，希望能够得到对方合理的建议，以便自己能够做个切合实际的计划，好好计划一下自己的未来。小杨听完刘旺才的叙述之后，向他提出了一个小建议——若是能够提前完成当天的工作，就把剩下的时间用来集中精力进行思考，给自己做一个切合实际的长远计划，每天都抽出几分钟来督促自己去完成，把计划一点点向前推进，时间久了，就会发现，很多原先只能想象却没有时间去完成的事情，已经在不知不觉中完成了。

刘旺才按照小杨的建议去做，每天下班前都拿出几分钟的时间来为自己做一个长远的计划以及具体的实施目标，再按照计划一步一步去实现自己的目标。一段时间之后，他果然发现自己想要做的事情都差不多做到了，半年之后，刘旺才也顺利地成为某部门的主要负责人员。

工作结束后的几分钟时间里，因为一天的劳累，我们常常无心再去做别的事情，所以，不妨利用这段时间来进行思考，集中精力为自己做一个比较长远的打算，为自己的职业生涯做出更好的规划。

步入职场以后，我们就会在某一个工作岗位上做上很长一段时间，渐渐地对工作中的各项事宜都熟悉了之后，我们就懒得再去做一些改动了。但是，这种想法，往往是我们工作和前进的大忌。若是没有合理实际的规划，很可能突然在某一天，我们就会停滞不前，会被后来者所取代，或者变得没有动力也没有计划性，每件事情都不能做好。这时候，在工作能够提前完成的情况下，不妨利用剩下的时间集中精力为自己考虑更长远的计划。那么，考虑长远计划对自己还有哪些好处呢?

（1）认清目前的形势。

（2）找到自己最感兴趣的方面。

（3）给自己挑选最合适的出路。

（4）做自己最擅长并且最有益于自己发展的工作。

不论工作时间长短，我们都要为自己以后的发展做些适当的规划，给自己制定明确的目标，然后监督自己每天都要去做一些，将看似不可能的长期计划分解成每天的一点点，逐步来实现。那么，怎样集中精力来考虑自己的长远发展呢？

（1）每天花几分钟做个总结。

（2）整理出自己最擅长和最不擅长的工作。

（3）扬长避短，弥补不擅长的地方，对于擅长的，也要加强巩固。

（4）为自己制订一个近期的比较长远的计划，比如要在3个月或是半年内完成的计划。

（5）将长远计划逐步分解，每天完成一部分。

要想在工作岗位上有所作为，给自己创造一个完美的职业人生，我们就要学会认真思考，适时给自己制订合适的、较长时期的计划，激励自己一点点地进步，最终达到自己理想的高度。那么，在集中精力考虑自己的长远发展时还需要注意哪些关键事项呢？

（1）不管是自己喜欢的还是不喜欢的，在工作中都要尽力去做。

（2）针对自己的工作性质和所需要掌握的技能，来安排自己的人生规划。

（3）即使是自己不感兴趣的，但若是目前的工作需要，也要认真去弥补不足。

（4）知道自己的发展目标，然后以此为契机，努力改善。

有效的职业生涯设计，必须是在充分且正确地认识自身的条件与相关环境的基础上进行。对自我及环境的了解越透彻，越能做好职业生涯设计。并且需要切实可行的目标，以便排除不必要的犹豫和干扰，全心致力于目标的实现。如果没有切实可行的目标作驱动力的话，人们是很容易对现状妥协的。再者，有效的职业生涯设计需要有确实能够执行的职业生涯策略，这些具体且可行性较强的行动方案会帮助你一步一步走向成功，实现目标。

有效的职业生涯设计还要不断地反省、修正职业生涯目标、职业生涯策略，以适应环境的改变，同时可以作为下轮职业生涯设计的参考依据。所以，我们需要不少的时间来集中精力进行思考，对自己的职业生涯做出完美的规划，成就自己的成功人生！

让进度安排适当前紧后松

我们常常觉得时间不够用，于是把不太紧急，不需要立刻完成的工作任务往后拖延，以期能够在规定的时间内将当天的任务完成，然后第二天再处理后天所需要的工作文件和工作报告之类的东西。即使有时候有充足的时间来完成某一项工作任务，也总有一些人前期工作松散拖沓，到了冲刺阶段，才手忙脚乱地去处理。结果，不仅没有做好，还搞得自己打乱了一天的工作计划，工作效率大大降低。

不妨来看看身边的同事伙伴，他们是否也跟自己一样，即使每天都看上去很忙，可是仍有到了期限却无法完成的工作？

如果不是的话，那就要好好来考虑一下自己安排工作时间的方式方法，是否有不正确或是不合理的地方。

王茵茵是同一届大学毕业生里面比较有实力也比较幸运的一个，还未毕业的时候，她就已经拿到了当地一所大型企业的 offer，并且是项目组的成员。王茵茵对于自己的工作也充满了信心和期待，期望能在自己的工作岗位上实现人生价值。起初的两三个月时间，因为一直在熟悉公司情况和项目组的运作，王茵茵并没有接到太多的工作任务，每天都很轻松，对于王茵茵来说，这些工作也过于简单。于是，王茵茵总喜欢把事情堆到一起，在前面的时候，松散拖沓，边玩边做，而等到差不多快到工作截止期限的时候，再去统一处理。但是，最近，领导却派发给了王茵茵更多的工作任务。因为事情多了，王茵茵不得不从接到工作的第一时间就开始工作，她并没有在工作中玩耍娱乐，但是，到了任务截止期限，却仍旧还有好多工作没有完成，王茵茵焦急不已，不得不利用晚上或周末的时间加班冲刺。可即使这样，因为后面的工作做得太匆忙，老板对于王茵茵的工作也不是很满意。

王茵茵苦恼不已，决定向办公室的刘主任请教。刘主任向王茵茵提了一个建议——工作的时候要“先紧后松”。在工作初期，要一鼓作气，将工作进度尽量往前赶，到了快结尾的时候，反而可以轻松许多。王茵茵恍然大悟，按照刘主任的建议，重新安排自己的工作进度，在工作前期将进度安排得紧一些，尽量完成更多的工作，而到了后期，若是时间不紧张的话，则可以适当放慢速度并查缺补漏，将细节完善。一段时间之后，王茵茵发现自己的工作效率果然提高了很多，再也不用“临时抱佛脚”，在工作的截止期限之前努力冲刺，而且，因后期有了较多的时间，也得以对自己的工作进行完善。老板对王茵茵的工作也很满意，更加器重她，并在半年后提拔她做了项目的策划负责人。

工作的过程中，尤其是进行长期工作的时候，我们总会觉得时间还早，所以对工作任务一拖再拖，懒懒散散，非要等到截止期限之前，再去奋力冲刺一把，将工作潦潦草草地完成，质量自然高不到哪里去。这种工作方式，相信老板并不喜欢，对我们的职业生涯也并没有什么帮助。既然迟早都是要由自己来完成任务，那么为何不在一开始就下足力气来做呢？

在进行工作的过程中，我们总免不了会多多少少有些惰性，总会觉得时间还早，不用太急，所以，在任务过程中，也会从心理上有所放松，没有确切的时间概念。因为在一开始的时候，我们对自己的工作任务的进展常常缺乏一个整体的了解，不知道这个任务具体有多难，要花费多长时间来解决。如果这时安排得太松，随着时间的推移，我们就可能会发现后面还有许多原先没有想到的工作任务要完成，时间就会显得相对不够用了。所以，在早期可以尽量多安排一些内容，这样就可以有更多的时间来安排自己后面的工作了。那么，安排工作“前紧后松”有什么好处呢？

（1）给工作任务预留了完善和美化的时间，能够将工作完成得井井有条。

（2）保障计划不被打乱。工作进行过程中，总会遇到一些意外的事件，“前紧后松”的工作计划可以给处理这些意外事件留出一定的时间。

（3）将工作进度往前赶，确保能按时、按质、按量地完成任务。

（4）趁着刚开始时的工作热情，完成尽量多的工作。不可否认，在工作中，我们总会有一些倦怠性，那么，在倦怠期来临之前，若是能完成多数工作的话，就不用担心工作会被延后或是无法在规定时间内完成了。

（5）改变拖延懒散的坏习惯。每天给自己制订一个详细的计划，督促自己按时完成。

俗语云：一早三光，一迟三慌。抓得早抓得紧，往往会主动赢得时间，回旋余地大；抓得晚抓得松，处处受掣，时间上会捉襟见肘。要想赢得时间，就必须抓住每一分、每一秒，不让时间空白度过。明天还没到来，昨日已经过去，只有今天才有主动权。如果放弃了今天，就等于失去了明天，也就会一事无成。因此，我们要珍惜和安排好每一分每一秒的时间。那么，怎样安排工作进度的“前紧后松”呢？

（1）制订详细合理的工作计划。将工作任务的大部分都放在前期完成。

（2）认真积极地执行工作计划，每天都要遵照制订好的计划来进行一天的工作，只许提前，不许延后。

（3）每隔三五天，抽出一点儿时间来处理工作中的意外事件或是任务进行过程中遇到的难题，确保工作进度不受影响。

（4）将复杂长期的工作任务分成不同的小部分，然后对每个小部分规定一个开始和完成的时间，严格按照时间来处理工作。

（5）为自己制定一个合理的时间表，督促自己不要拖延，而要首先完成工作。

可能有人会说：即使之前做了周全合理的计划，可是在执行过程中，事情的进展也不一定按照自己所想象的那样来发展。这时候，即使“前紧后松”，时刻提醒自己任务的进度，也不一定能够如料想的那样顺利完成工作任务。那么，在执行“前紧后松”的工作态度时，我们还要注意哪些事项，才能确保这些事项不会发生？不会干扰到我们所制订的计划呢？

（1）“前紧后松”并不是一味地将工作任务提前，而是要确定好“最早开始时间”和“最早结束时间”以及“最晚开始时间”和“最晚结束时间”，确保工作不会被延误。

（2）时刻牢记时间的重要性，记住工作的截止期限，按时完成每一天的工作任务。

（3）随时检查自己阶段性目标的完成情况。

（4）每周进行一次查缺补漏，把工作中的难点找出来，解决掉，不要影响到后面的工作进度。

（5）针对工作中出现的问题，进一步修改、调整工作计划。

合理安排好工作时间和工作进度，相信在我们的日常工作中，就可以大大提高工作效率，在规定的时间内完成更多的工作任务，从而在工作任务临近末尾的时候，有更多时间查缺补漏，完善工作内容，将老板安排的工作做得尽善尽美。只有确实给公司带来了利益，我们所做的工作才是有意义的。也只有轻松完成各项工作任务，我们才能得到老板的器重和青睐，从而实现升职加薪的梦想！

限定明确合理的最后期限

为了大大提高工作效率，我们常常为自己制订一系列的计划，然后在工作中按照计划去实施每一件事情。但是，在工作中，我们常常会遇到一些超出自己日常工作范围的任务，不仅复杂，而且很棘手，每一个小的步骤都需要仔细地推敲，查询资料，询问上司意见，然后才能确定。那么，在遇到这样的工作时，你又是怎么来对待的呢？若是这些工作不在计划内，或是恰恰在一天计划当中的时段，是要放弃还是继续下去而将其他的工作任务延后呢？若是其他工作延后的话，有多少人能够及时改变计划，重新制订工作的开始和结束时间呢？面对棘手的工作时，又该如何处理呢？

王猛进入公司已有半年的时间了，渐渐熟悉了公司各个部门的职责和基本工作流程，对于自己的岗位也有了更深的了解，处理工作的时候也更加得心应手。王猛很满意自己目前的状态，将自己的日常工作处理得井井有条，深得老板的认可。但是，这个月来，老板却突然加重了王猛的工作任务量，不仅经常在工作时间突然派发来新的任务，而且将公司新一期的项目规划也交给了王猛。本来就被新加进来的临时工作搞得焦头烂额的王猛更是叫苦不迭，一个新型的项目规划，怎么可能是他一个工作才半年的新人能做得来的？这么复杂棘手的任务，就算给他50天的时间，也未必能完的成啊。但是，既然领导已经吩咐下来了，项目也已经启动，再换人也是不可能的了，于是，王猛不得不硬着头皮去做。还好，在培训期间，项目主管曾经讲过这方面的一些事项，处理起来难度倒也不大。于是，王猛每天在处理项目的时候，还得兼顾自己的日常工作，时间一久，渐渐就觉得吃力了，而且很多以前做起来很轻松的工作，现在都无法在当天完成。为了将工作进度赶上来，项目规划也不得不搁置一阵子。等到项目进度赶上来的时候，再放下日常工作去处理项目规划……王猛觉得十分吃力，每天都好像被榨干了精神一般，有气无力，工作效率大大降低。

眼看旧的项目进度就要结束，而自己新一期的项目规划还遥遥无期，王猛觉得自己不能再这么拖延下去了，于是去向项目组孟主管请教。孟主管向他提了一个简单的意见：为自己的每项工作任务都限定一个明确合理的最后期限。王猛将信将疑，但还是按照孟主管的建议去做了。他将项目规划分成很多个小的步骤，对于每一个步骤都限定了一个截止日期，每天首先处理自己的日常事务，然后按照计划去做规划。刚开始的时候，几乎没有变化，但是因为有了限定日期，所以免不了要加班将当天的工作任务完成，但是一个多月之后，王猛忽然发现，即使不用加班，自己也能按时完成工作任务了，而且，也没有耽误项目规划的进度，甚至还能提前三五天将规划完成。

从职场新人到管理者，每个人都需要经历一番苦难，而复杂的工作项目对于职场新人来说自然也是相当复杂的工作，但是这种棘手的工作对于每一个想成就自己事业的人来说，都是避免不了的。那么，在处理复杂棘手的事情时，确保不会降低自己的工作效率，给日常工作造成困扰，就要为这项工作限定一个明确合理的最后期限，随时提醒自己工作的进度。

时间是巨大的竞技场，展示出不同的界限观念。我们可能也注意到了：不同人的时间观念大不一样，对时间的理解也千差万别。比如，在有些人眼里，早上10点的约会在10点到10点45分之间都是有效的，而对于另一些人来说，超过10点就是迟到了。有人习惯等到最后一分钟才完成任务，而也有些人永远能够提前完成任务。你可能讨厌跟你约会迟到的人，那么，作为老板，同样不会喜欢总是在最后一刻才能完成任务的员工。所以，我们必须要为自己的工作限定一个合理明确的最后期限，确保每一天的进度，不要拖到最后一刻才慌慌张张、匆匆忙忙去做。那么，限定最后期限有什么好处呢?

（1）时刻提醒自己不要拖拉。当某一件事情很棘手的时候，我们就会不自觉地给自己更多更宽松的时间来处理，然后就会渐渐开始变得拖沓。若是给每一个事件都限定一个合理明确的期限，就会不自觉地催促自己加快进度，时刻保持较高的工作效率。

（2）给自己加压，使注意力高度集中。这种目标明确、限定速度、限定准确率的工作，会让自己高度集中注意力，全神贯注地去完成当下的工作，效率自然也就大大提高。

（3）将无关紧要的事情简洁化，面对重要工作时也要尽量用简单实用的方法来解决，为自己节省出更多的时间，也能够适度将工作计划提前。

（4）帮助我们确定切实可行的工作重点。因为限定了工作任务的截止日期，在进行的过程中，就会不由自主地将大多数时间转移到重心上来，而将不是很重要的部分省略或是简化。

（5）清楚地明确自己的目标，一切工作都围绕目标展开。

是否有较好的时间观念和效率意识对能否合理安排工作时间尤为重要，因为工作要想出效率，必须要有合理的时间安排，而合理的时间安排是建立在有较好时间观念之上的。

“对于时间的安排我们要有主动性，就是要安排做事的时间，不是由事情来占满你的时间”，这句话真正体现了安排时间的重要性。随着生活节奏的加快，越来越多的事情需要我们来做。在工作之外，我们还要照顾到家庭、社会、朋友等方方面面的事情，往往是不能合理地安排这些工作之外的事情而影响我们的工作。所以，对于每一项工作任务，我们都要确定一个明确合理的工作期限。那么，该怎样来确定这个工作期限呢？

（1）职责明确，设计好各个环节，并确保每个环节都有足够的时间来完成，然后才能确定一个明确合理的最后期限。

（2）明确利益关系。这个工作会为谁带来利益，能够带给自己或是公司多大的利益，然后值得花费多少时间来计划并完成。

（3）主动承担责任。不要把工作任务当成负担，战战兢兢，害怕承担责任，而是要积极主动地担起自己该承担的责任，认真做事。

（4）工作中要分清主次，对于重要而紧急的任务，优先确定合理的截止期限。工作任务细而碎的时候，要求我们必须分清优先次序，哪些是在某一时间内必须完成的，哪些是当天时间内完成的，哪些是可做与不可做的等。然后就一件一件地完成，不要同时进行多项工作，否则你就会顾此失彼，而且总感到时间不够用，下班回家时总觉得精疲力尽却又觉得好像还有很多事没有做完。

对于当天的任务我们要保质保量地完成，避免恶性循环。因为没有完成的工作，就会制约第二天的工作，为了完成工作就必须加快步伐赶进度，这样又会使你更加疲惫，降低效率。所以，我们一定要赶在计划前，把日程表上的工作都完成。这时候，我们就需要为自己的工作制定一个合理的截止期限，确保工作顺利按时完成，那么，在制定这个期限的时候，我们还要注意些什么呢？

（1）即使领导没有交代什么时候完成的工作，也要自己给自己的工作任务制定一个完成的最晚期限，而不要一味地拖延下去。

（2）对于有明确规定期限的工作任务，要尽量赶在计划前完成，而不要到了最后一刻再去冲刺。

（3）适度分配自己的工作时间，不要为一件事情耗费大量时间，也不要让烦琐的小事绊住脚步。

（4）不要轻易改变计划，而要试着做出调整。

时间老人给予我们的时间是公平的，是相等的。那为什么有些人在工作中很轻松，有些人却很累？关键在于你是否把握住了时间，是否灵活运用了时间。在长时间工作中，我们对自己的工作可以说相当熟悉，我们要从中发现一些技巧，发现一些快捷的方法和一种合理统筹地安排时间的方法，要善于统筹时间，活用技巧来节省时间。

这时候，我们就要学会一些相应的技巧来掌控时间，掌控工作，争取事事都能及时完成，而不是次次都需要冲刺。若我们能够将工作任务轻松掌握，熟知每一件事情的进度以及截止期限，那么，我们在工作中就会节省大量不必要的时间，从而大大提高工作效率。

不让时间在等待中浪费

我们常常会遭遇这样的情况：在一天的活动时间里，可能常常不管如何精密规划，还是必须等待。乍看之下，这些时间可能永远无法追回；当你忙得不可开交而又必须等待的时候，又该怎么来改变这种被动的状态呢？比如，等车候机的时候，或者排队办业务的时候，这些时间看似都是无法节省的。但是，时间被无端浪费之后，我们余下来的时间再来做计划表中的常规工作就显得有点紧张了，所以，加班在所难免。

刘沂水是公司的出纳，日常事务并不是很多，通常情况下，都能在下班前完成。然后，晚上还有些时间可以去看看书、报个班，为自己接下来的注册会计师考试做些准备。但是，前段时间人事调整之后，刘沂水就不得不去跑银行或者邮局，甚至有些时候还要陪伴老板外出谈业务或是出差。这样一来，刘沂水就觉得自己的时间一下子变得紧张起来，一天中大半的时间都浪费在排队或是等人等车上面。然后，等办完事情回到公司，已经没有多少时间可以用来处理日常事务了，为了赶上别人的工作进度，不给其他同事带来麻烦或是困扰，刘沂水不得不利用晚上或是周末的时间将自己没有完成的工作一一继续。但是，这样做的后果就是，他不仅没有时间学习，而且连休息的效果也大打折扣。坚持了一个月左右之后，刘沂水就觉得力不从心了。

在一次业务会谈中，刘沂水与业务部的张主管一起出发，两人在回来的途中聊得很是默契，张主管对于刘沂水的勤快和机灵也很赏识。于是，刘沂水将自己的情况向张主管说了一下，希望能够得到建议，改变目前的被动状况。张主管听完刘沂水的倾诉之后，向他提出了一个小小的建议——随身携带一本书，在等待的时候，翻看几页，甚至可以做一下笔记。这样，因为加班导致没办法学习而耽误的时间，就可以在无数次的等待里补偿回来了。刘沂水听后恍然大悟，按照张主管的建议去做，一段时间之后，发现自己的课程果然没有落下，考试的时候，也发挥出了自己的实力。因为有了更好的实力，在新的人事调动到来之时，刘沂水终于不再是出纳，而成为公司的一名会计，有了更好的发展规划。

不管你多么有效率，总是有人让你等待：你可能错过公车、地铁、飞机，碰上出其不意的中途休息；你也许已经尽可能地小心计划每一件事，但是你可能意外地被困在机场。许多高成就者在这种情况下所做的事情是：带本书看；写点东西；修改报告；检查语音邮件；打电话；用录音机口述信件等。

去看医生时带一本书，这样你就不必看他们的杂志或其他无益的东西。一位参加某个研讨会的公共关系主管告诉与会学员，他在电话旁边放了一叠阅读资料，每次在等对方接电话时便可以翻阅。一位必须在机场花很多时间的业务员说："每次在下飞机去领行李的路上，我就停下来打公共电话，等我打完电话时，行李也已经出来了。只要能够利用，任何时间都不要浪费。"可见，为了提高工作效率，在等待的时候随身携带一些书或者资料是很有必要的，那么，究竟有哪些好处呢？

（1）有事可做，耐心等待，而不必慌张或是着急。

（2）利用闲暇或是零散时间，来看一些平时想看却没时间看的东西。

（3）调整自己的思路，寻找对问题更好的解决办法。

（4）将一分一秒的时间都利用起来，提高效率。

不论在工作中还是在日常生活中，既然总有免不了等待的时间，那么，我们就要学会利用这些时间来做一些更有意义的事情，使自己一天都处在高效之中。不仅要认真积极地完成自己的工作，而且可以在看似不可节约的时间里做更多的事情。爱因斯坦说过，人和人的差别就在于你的业余时间，业余时间其实很重要。这也就是你要和别人有所区别，比别人更须注意的事情。

（1）争分夺秒，快速完成工作。

（2）需要等待的时候，随身带一本书，看上几页，不要让时间盲目流失。

（3）不偷清闲，不贪逸趣，什么时候都要让自己有事可做。

（4）约会的时候要掌握好时间，尽量减少等待时间。

在我们的日常工作和生活学习中，经常会有一些零散的等待时间，这些时间看似不起眼，或者每次只有两三分钟，似乎不值得拿来做什么事情。但是，若每天的工作中，都会有三五个三五分钟，那么一天就有十几分钟，一个月下来就是五六个小时，这个数字是相当可观的。所以，我们务必要把等待的时间好好利用起来，做一些有价值、有意义的事情，而不能平白浪费掉。那么，在等待的时间里读一本书或者做点别的什么事情，还需要注意哪些事项呢？

（1）事前做好计划，尽量节省等待时间。

（2）事事争先，节省时间，积少成多。

（3）利用等待的时间读一些有益于自己的书籍。

（4）通过调整计划，省略不必要的等待或是约会。

在职场上，面对一项项富有挑战的工作，你能够拖延吗？时间就是机遇！你的一点点拖延可能会耽误整个公司的流程，使公司丧失最佳竞争时机，而你也失去了成功的机遇。历史上，凡是立志干一番事业、为人民多做贡献的人，没有一个是不珍惜自己的时间的。因为节省时间，就等于延长了可以为人民创造价值的生命。为了追求人生的成功，要充分认识时间的价值，好好利用时间，就一定能收到良好的效果。

第七章

合理分配，做高效的清闲人

会休息的人，才会工作好

工作狂在生活中并不少见。很多工作狂，工作起来甚至是没日没夜，一会儿不工作可能就会无所适从，寝食难安。勤奋工作的员工，相信任何一位老板都会喜欢。但是，仅仅是勤奋就够了吗？有位哲人说过："不会休息的人，就不会工作！"《创世纪》中上帝的日程表已经扩展成了全世界通用的日历，7 日为一星期，星期日为休息日，就算上帝也会休息一天，休息是神圣的。

约翰·洛克菲勒一生曾经创造了两项惊人的记录：他赚到了当时全世界为数最多的财富，并且活到 98 岁。那么，他是如何做到这两点的呢？其中有一个重要的原因，那就是他每天中午在办公室里睡半个小时午觉。他会躺在办公室的大沙发上——而在睡午觉的时候，哪怕是美国总统打来的电话他都不接。

对于那些懂得时间管理的人来说，休息并不是绝对什么事都不做，休息就是为了更好地工作。对于职场人士来说，身体是革命的本钱。身体垮了，一切都完了，连数钱都数不动了。现在职场竞争日趋激烈，职场工作压力越来越大，这种压力包括下岗、失业压力，业绩、晋升压力，年龄、充电压力，家庭、感情、健康压力等。网上流行这样一句话：“女的当男的使，男的当牲口使。”对很多职场人士来说，加班加点是家常便饭，甚至加班到半夜，这无疑是对生命的一种透支，是对职场生涯的一种不负责任。一个人的职场生涯达30年左右，如同持久战，没有健壮的体魄是很难胜任日后的战斗的。所以，懂得时间管理的人都能够正确处理好工作与休息的关系，时间管理对任何一位职场人士来说都是非常重要的。

王一鸣是一家广告公司的设计总监助理，在公司素有“拼命三郎”之称。这家广告公司忙到什么程度呢？公司的员工甚至在去厕所的时候都是以百米冲刺的速度跑着去。而王一鸣作为设计总监助理，更是没日没夜地忙，忙到一天只上一次厕所的地步。他常常在计算机前，盯着白花花的荧屏一整天，一刻也不敢放松。长年累月下来，王一鸣没有双休日，没有节假日，天天晚上不到12点之前是不回家的，还常常因为突发事件而半夜或者凌晨起来，生物钟完全被打乱了，睡眠严重不足。从他进入公司开始上班，就几乎再也没有进行过任何体育锻炼了，旅游更是想都不敢想。王一鸣的体形已经迅速地变成臃肿难看的“苹果形”，同时他的情绪也变得非常烦躁，很多时候会因为一些小事和同事发生争吵。由于王一鸣工作出色，两年后被提拔为设计部总监，但和任命书一起到达的，还有医院的入院通知书和老婆的离婚协议书。

现代社会竞争激烈，工作压力越来越大，很多职场人士生活没有规律，精神也长期处于紧张状态，久而久之，便威胁到了自己的健康。于是，就有了这样一个群体，他们生活在亚健康状态下，钱袋鼓起来了，身体却吃不消了，得不偿失。所谓“有风驶到尽，无风潜海底”，紧张工作要懂得自我调节，放松自己，不要等到累得不行了才想到休息一下，身体是革命的本钱，本钱没有了，又如何去赚更多的钱呢？

懂得抽出适当时间休息是职场人士的一大本事，也是一种优秀的素质。休息是为了更好地工作，工作又是为了换来更高质量的生活。身体是革命的本钱，如果过分强调工作而忽视身体健康，那么从长远角度来看，也将阻碍我们的职业生涯目标。脱掉忽视健康的“外套”，让自己吃好、喝好、睡好，以保证旺盛的精力和足够的体能，这样更有利于我们从容地应对摆在自己面前的工作，可持续性地实现我们设定的职业生涯目标。

唐宋八大家之一的柳宗元很多人都不陌生，在他的《柳河东集》里记载了一种动物——蝜蝂。

蝜蝂是一种喜爱背东西的小虫，爬行时遇到东西，总是抓取过来，抬起头背着这些东西。东西越背越重，即使非常劳累也不停下。它的背坑坑洼洼，因而东西堆上去不会散落。终于一刻，它被压倒爬不起来。

柳宗元说：有的人可怜它，替它去掉背上的东西。可是蝜蝂如果能爬行，就又把东西像原先一样抓过来背上，而这种小虫又喜欢往高处爬，用尽了力气也不肯停下来，常常跌落摔伤。

其实，每个人都有蝜蝂的一面。“不会休息就不会工作”，这是一句至理名言，但其实反过来，“不会工作就不会休息”也是个真理。很多人看起来很敬业，但是，他的工作节奏是混乱不堪的，自然也打乱了休息的节奏。只有会控制工作节奏的人，才能享受好的休息；只有懂得休息的人，才能更好地处理工作。工作是为了更好地生活，不能因为忙忙碌碌地工作而放弃对生活最初的向往。会休息的人才会工作，工作之余适当地放松自己，休息片刻，磨磨刀，养养神，蓄蓄锐，才能更好地工作。

每天留出一小时给自己的兴趣

每个人都有自己的梦想，但是很多人慢慢地让自己的梦想变成了梦境，只有很少一部分人实现了自己的梦想。这是为什么？前者的理由是自己没有时间，他们最喜欢说的就是“太忙了，我没有时间去做那些我想做的事”。但是后者却从不抱怨，而是善于在繁忙的生活中挤出一点时间，哪怕是一小时，留给自己。

休格·布莱克也是这样一个人。他在进入美国议会前，并未受过高等教育。但是他非常勤奋，每天他都会从百忙之中挤出 1 小时到国会图书馆去博览群书，这些书涉及政治、历史、哲学、诗歌等各个方面。更难能可贵的是，他坚持数年如一日，就是在议会工作最忙的日子里也从未间断过。后来，他成了美国最高法院的法官，这时他已是最高法院中知识最渊博的人士之一。

1 小时的时间并不算长，也许就是我们吃一顿饭的时间，但是时间长了，你就能从这每天的 1 个小时里受益匪浅。一位名叫格里斯多费罗斯的希腊籍电梯维修工对现代科学很感兴趣，他每天下班后到晚饭前，总要花1小时攻读核物理学方面的书籍。随着知识的积累增多，一个念头跃入他的脑海。1948年，他提出了建立一种新型粒子加速器的计划，这种加速器比当时其他类型的加速器造价便宜而且更强有力。他把计划递交给美国原子能委员会做试验，再经改进，这台加速器节省了7000万美元。格里斯多费罗斯得到了1万美元的奖励，还被聘请到加州大学放射实验室工作。

的确，在当今这个生活节奏很快的时代，人们似乎每天都没有多余的时间去做完想做的事，所以许多念头就此打消了。但是也正是这一念之差就决定了你能否成功。一位名叫富兰克林·费尔德的人曾精辟地说过一句话："成功与失败的分水岭可以用五个字来表达——'我没有时间'。"

时间对于任何人来说，都是公平的。我们看看那些事业有成的人，无不是珍惜时间的人。他们通常都有坚定的意志，坚持在忙碌的工作中挤出一定的时间来发展自己的个人爱好。世界上最大的化学公司——杜邦公司的总裁格劳福特·格林瓦特就是这样一个人。他无论多忙，都会每天挤出1小时来研究蜂鸟（一种世界上最小的鸟），用专门的设备给蜂鸟拍照。后来，权威人士把他写的关于蜂鸟的书称作自然历史丛书中的杰出作品。

也许你会说："我早上7点多起床去上班，晚上7点才能到家，到了家已经是疲惫至极，哪里还能挤出1个小时？"当然，我们不得不承认要挤出这1小时并不容易，这需要有极大的决心和恒心，但这并不意味着我们做不到。

讲究劳逸结合，生命才会精彩

以高效率出名的人几乎总是显得不慌不忙。他们似乎从来没有匆匆忙忙赶时间的时候，总是显得从容不迫。

按照一般观念，成功人士应该永远上紧发条，始终保持警惕，时刻紧盯着他的生意或事业。但就很多行业巨头来说，情况却并非如此。他们每天花不了几个小时处理日常事务，但却永远保持着清醒的头脑和稳定的心态，随时准备尽最大的努力处理新的问题。他们之所以有着充沛的精力，有一个共同的原因——张弛有度。

本应用于休息的时间如果没有真正用于恢复，往往会适得其反。真正做出最大成绩的人有时往往看起来是力气花得最少的人。他能做到沉着、冷静，因为他胜任他的工作。而如果一个人总是焦躁不安或者过于兴奋，一直到精力全都被分散，等于公开宣布他的弱点在哪里。

相比体力的耗损，精神方面的焦虑也许更会影响效率。

总是对工作郁郁沉思，这种习惯对效率是有害的，而且也是对个人激情的扼杀。

身体的彻底放松常常可以让思想信马由缰。发明家更是如此，他们经常能够在躺着的时候设计出绝妙的机器，而在办公室时却怎么也想不起来。我们绞尽脑汁也记不起来的人名，等我们不再想的时候，却突然蹦了出来。

通用集团前任 CEO 杰克・韦尔奇连续数年被美国一份权威杂志评为最受推崇的企业家。一次，韦尔奇找一个部门的主管来开会，并对这位主管说："虽然你的部门有盈利，但我认为你可以做得更好。"部门主管很不解，韦尔奇解释说，他只是希望这位主管对工作再多一点投入，多一点激情，这样更能提高工作效率。

对韦尔奇的看法，部门主管还是一头雾水，他认为自己已经为工作尽心尽力了，并且一再重申自己创造的收益与用人上的成绩。最后韦尔奇给了这位主管一个建议："给你一个假期，放下一切，等你回来时，就会明白我的说法了。"

事情的发展果真如此，那位主管假期回来后，精神焕发，工作积极性大大提高，把时间和工作安排得井井有条，部门效益也进一步提高了。韦尔奇通过这种张弛结合的时间安排方法，调动了员工的工作热情，反过来使效率提高，取得了更好的效果。

充满热情地投入工作与消极倦怠地面对工作，两种结果的不同可想而知。那么，你是否也有如同上面的主管那样效率低下的时候呢？如果是这样，你需要调整自己的心态，在疲劳的时候不要因为时间有限而继续消极、麻木地工作，这样不仅容易出错，而且也不会有任何创新。单调的重复性工作只会吞噬你所有的激情，因此，让自己放松一下，换一个心情。

例如，你每天都面无表情地面对电脑。那么，可以在工作间歇，倒一杯咖啡，眺望一下远方，放松一下你的眼睛与心情。或者练习在疲劳的时候交替做深浅呼吸5分钟，或在中午的时候打个盹儿，恢复你的体力，在这些放松之后转回头来的心情又会怎样呢？你工作的效率是否提高了呢？

以上给你的建议，你可以去尝试，把一味的埋头苦干与此种结果对比一下，你就会明白自己下一步该怎样改进。

学会有效地掌控时间，不只是学会如何把你的时间表排得满满的，不给自己喘息与休息的机会，而是要劳逸结合，有张有弛，让自己在一个良好的心态与环境中开始自己一天的学习与工作。不要让工作占据你所有的时间，留意身边的每一处美丽与快乐，让你的生活丰富多彩，工作才会充满激情与乐趣。

有一本很有意思的书，叫作《懒人长寿》，说的是，要想获得健康、成就与长久的能力，必须改变“不要懒惰”的想法，鉴于压力有害健康，应该鼓励人们放松、睡点懒觉、少吃些、用例行日常工作代替过度运动等，最重要的观点是，“懒惰为节省生命能量之本”。这本书在德国非常畅销，它讲的不仅是一种养生观念，更是一种成功理念。

无独有偶，有一种“新懒人主义”也在“畅销”起来。新懒人主义的宗旨是“人生得意须尽懒”，本着简洁的理念，崇尚新世纪里的崭新生活方式，深入学习删繁就简的生活与工作技巧，从而可以从容驾驭去芜存菁的攻略秘术，最后达到如鱼得水、返璞归真的境界。新懒人主义的目标就是清新、单纯、自然、健康的新生活。

新懒人主义并非空穴来风。有调查显示，人类精力的60%以上用于抵抗压力的侵蚀、完成责任以及对规章制度的遵循上，大量的没有任何作用和效果的人际交往充斥在我们身旁，创造力被浪费，热情被消耗，机械的一成不变的步骤强占了我们的时间和生命。在这种情况下，不仅很多人生乐趣被剥夺了，思考的时间和空间也被大大压缩了，生命的浓度在不知不觉中降低了。

与此相似的观点便是“懒人推动了历史”的说法。在研究过许多政治家和科学家的成功之路后，一些人发现，成功人士和那些具有领袖气质的人，往往都倾向于做自己喜欢或认为重要的事，而对于其他事，能不做就不做，能推迟就推迟，实在非做不可的话，也要想个最简便的做法。而事实上，人类的许多发明创造正是源自这种“懒人”的想法。所以有人戏言，是懒人推动了历史发展，懒人更适合当领导，因为领导的本质是做正确的事，而不是正确地做事。其实早在中国古代，军事家们就曾在选拔军官时，把人分成了四类，并认为，聪明但懒惰的人可以做将军，聪明而勤奋的人可以做参谋，又笨又懒的人可以做士兵，又笨又勤奋的人只会添乱，这种人最要不得。由此可见，“懒”得恰到好处也会成为一种才能。

一位大企业家曾经说过，工作过于努力的人没时间去赚大钱。在我们周围，很多人都在抱怨，“我工作太辛苦，简直没有时间去读书和思考”。这句话的意思是，满足生计的需求已占据了一切，以至于你没时间去考虑未来的机会。这也正是普通人与成功人士的区别所在。从某种意义上说，“懒人”

往往比勤快人更适合做领导，一个重要的原因就是，他有时间思考，有时间补养，这在知识更新迅速的信息化时代体现得尤为明显。

骑脚踏车的人走不远。假如你过于忙碌地工作而没有时间去思考你做的事，你将无法充分利用你的成就，只有在降低工作量后，你才有空做广泛而非狭隘的研究。假如你过于专注于自己小小的领域，就不会知道其他领域也许对你目前从事的事有极大影响的信息和思想。而问题的关键也就在于此，除非你有时间广泛涉猎、学习他人所做的事，否则创新就不可能发生。在现代社会，全新的发明极少发生，创新几乎总只是将两种以上已知的观念以新奇的方式组合在一起，这也使得信息单薄、思想简单的人，难以成为创造型和领导型的人物。

有时降低工作量并非出于自愿，而是环境所能提供的机会有限使然，正如印度对待年轻的丘吉尔的情形：派驻印度的丘吉尔利用了当时的空闲时间重新阅读在大学时所忽略的书籍，在懒散的阳光下“漫不经心”地进行着足以使他受益终身的思考。不仅如此，他还要求他的母亲给他一套完整的年鉴，这些都是从英国的政治年鉴以及世界各国的新闻汇集而成。他仔细地阅读，作了笔记，逐步掌握了年鉴所包括的丰富的事实和资料。当他阅读国会辩论的重大问题的摘要前，他常常仔细地勾画出对这一特定事件的个人看法，然后把自己的观点和分析同当时的与会者进行比较，从而在遥远的班加罗尔进行了诸如国会辩论等政治活动的“演习”。相比之下，他的许多同事却只有慵懒，没有思考。

学会调节生活和工作的关系

事业的成功是同精力与时间的付出分不开的，然而时间的付出是否能够得到相应的回报与自己的心灵也存在着必要的联系。心灵是生命中的一块田，里面栽植着我们的希望，一旦心田荒芜了，希望的花朵便会枯萎。心灵是生命中的一盏灯，里面闪耀着我们的情感，一旦心灯失色了，情感的光芒就会暗淡。

成功带给我们的有享受的喜悦，也有付出的代价。曾有人把心比作玻璃，透明易碎；或像是襁褓中的婴儿，容易感冒，也容易发烧；阳光的灿烂和乌云的阴霾也会时不时地缠绕在那一块儿方寸之地，快乐与痛苦喜忧参半。当今的时代，诱惑与梦想同在。所有的人，都在忙碌中奔波，都在冰与火的历练中演绎着自己的人生，都在得与失的感悟中描绘着心灵的轨迹，都在乐与愁的品味中思考着命运的归宿。然而，多重的角色，辛劳的生活，让我们的身心渐渐不堪重负，心灵之中隐现出危及健康的阴影。职场的竞争，让我们在成功与挫折中欲罢不能；婚恋的困惑，让我们在甜蜜与痛苦中感到迷惘；身心的劳累，让我们在阳光与阴影中徘徊不前。于是，一些人的心中出现了伤情的“杂草”，出现了不和谐的“噪音”，甚至出现了夺去笑声、扼杀美丽的“阴影”，使很多人的心理受到了伤害。如果这些心理状态得不到及时的调整，就必然会危害身心健康，产生心理及身体上的疾病。如何调整好自己的心理状态，如何适应职场的人际关系，不仅是我们工作职业的需要，而且是保护自我身心健康的需要。驱散不良心理，以良好的心态应对并处理职场中的人际关系，我们才能在各种复杂的环境中开心地工作。

对很多人来说，现在拼命工作，是为了将来可以“少干活”或“不必工作”，希望有朝一日能整天游山玩水，享受生活。而真正会享受生活的人，无论工作多么忙都会抽出时间享受生活。不会享受生活的人，他无论多么轻闲，也不会好好地享受生活，因为他从来就不知道该如何享受生活。所以，人们一定要在努力工作的前提下，学会享受生活。

心理学研究发现：只知道工作的人患各种疾病的可能性大，生活与婚姻质量一般比较低，离婚的可能性大。其实生活的概念要比工作的概念大得多，人生的价值也不是仅仅依靠工作上的成功来证明的。如果过分依赖努力工作所带来的成就感与充实感，那么你将忽视对个人生活和家庭生活必要的经营与维护，最终会让你捉襟见肘、得不偿失。

那么，人该如何调节生活和工作，保持心理健康呢？下面给大家介绍几种自我调节的方法。

1. 调整自己的心态

要有意识地学习怎样既努力工作又能享受生活，因为这种能力并不是短时间就能学就的，需要调整心态。金钱、权力、荣誉、欲望等是永远没有止境的，而你的时间、精力、健康、生命却都是有限的。所以，你自己权衡一下，就知道怎样去处理了。

2．学会时间管理

事业的成功无法替代家庭生活对人的价值。多与家人、朋友、同事交流，必要时还可以寻求心理咨询师的帮助。工作中，多加强对自身时间管理能力、项目管理能力的培养，组建高效的团队，通过合理分工和授权，提高整个团队的工作效率，让自己从工作中逐步解脱出来。

3．劳逸结合

千万别只知道工作而忽略了享受生活，别等到工作乏味的时候再辞职度假去享受生活。要学会工作娱乐两不误，单身的人应该在下班之后或周末，找一个可以放松自我的娱乐方式去尽情消遣，尽情享受生活；结了婚的人，可以和家人一起享受相聚的温馨时刻。

此外，还可以通过自我放松、合理宣泄、睡眠调节等方法来进行自我调节。如果你感到心情很糟，就试一试这些方法吧，它有可能为你的心灵撑起一把保护伞，让你能够做到忙中偷闲，心情疲惫的时候经常让自己回归一下大自然。请注意，心灵的天空由你自己主宰，烦恼和快乐就像一枚硬币的两面，立即行动吧，翻过那一面，你会很快乐！

多花点时间陪陪家人

做个成功的人当然很有乐趣，但是想要真正享受完整快乐的生活，就不能忽视来自家庭的快乐。当一个人咽下最后一口气时，几乎没有人在那时候心里还在牵挂事业成就，足球的技术还有哪里要改进？汽车够不够气派？曾经到哪里旅行？一般人在这个时候，一定会牵挂着他深爱的人，也许是他的伴侣或是他的儿女，以及他一生中做过的事对其他人的生命曾经发生了什么影响。当然，人一旦到了这时候，再牵挂也没有用了，因为已经什么都改变不了了！不管你对事业有多大的企图心，请不要忘了让你的家人以及所有你深爱的人，都能成为你每天生活的一部分。你可以多花一些时间跟家人相处，享受天伦之乐。当你闻着花香、呼吸大自然的空气时，你会希望家人就在身旁，跟着你分享这样的喜悦；当你在事业跑道上拼命冲刺时，希望你也记得把家人带在身边。保险界明星诺曼·拉文是一位懂得享受后花园乐趣的人。当他的孩子还很小时，他就把他们纳入他的事业计划。任何时候，只要情况允许，他就把孩子带在身边，让他们了解他的成就，也了解他的挫折。当时，诺曼·拉文其实并不了解孩子参与这些活动对他们有什么影响，可是后来他的3个孩子都选择了和诺曼·拉文一样的职业。

诺曼·拉文认为要和家人建立一个和谐巩固的关系，并不需要有什么特别的秘诀，只要你肯花时间在他们身上就可以。时时刻刻关心他们的生活。可以确定，一个人如果想在晚年能够随时享受到儿孙绕膝的幸福，那就一定要从现在起找到一个方法来亲近他们。如果你没有和家人成为一体，那你就无法变成一个真正完整的成功人士，这将会是你人生当中重大的损失。

你嫁给工作了吗？

卖命工作与幸福婚姻似乎永远是互相冲突的，但是有太多的例子告诉我们，工作并不是戕害夫妻感情的杀手，不懂得聪明经营婚姻关系，恐怕才是成为“双薪无性生活夫妻”（DINS，double income，no sex）的元凶。

> 结婚8年的李琦，在一家外商医疗器材公司担任营销负责人。她的先生是军人，原本在部队服役，去年调回了北京，为了弥补过去长年在外对太太的亏欠，他下班后总是开着车来接李琦。但已经习惯将工作放在第一位的李琦，每次一接到先生打来的电话，总是忍不住冒火：“你不要来接我好不好？你这样我压力很大！我的报表都还没做完！”最近一年，李琦为了要接下国际业务，报了英语补习班。“学费这么贵，我一定要拼了命上完，多上就是多赚！”她说。结果，每天下课回家，已经是深夜11点钟，当先生想跟她说话、想要性生活时，她都是说

“我真的累到什么都不想做”。

在我国，像李琦夫妇这样把工作当作生活重心、缺乏深度沟通的夫妻比比皆是。

一个主因是新经济之下的新工作方式。

美国前劳工部长罗伯·莱奇在《卖命工作的代价》一书中指出，科技与新工作形态使得家庭成员很难相聚在一起，社会学者甚至发明了“双薪无性夫妻”一词来形容这种下班之后累得什么都不想做的夫妻。而主流价值观也让现代夫妻把工作当作重心。

某大学社工系教授彭怀真发现，这种想要过更好的物质生活的驱力，往往让人们无法在工作与婚姻品质间作出好的选择。

“高品质的工作跟高品质的婚姻要付出的代价是一样的。这是一个选择，你要高品质工作加上普通婚姻？还是普通工作加上高品质婚姻？”他反问。

更令人惊愕与担忧的是，工作取代了配偶，成为情感需求的来源。

心理咨询师菲丽普森在《我们嫁给了工作》一书中指出，越来越多的人嫁给了工作，工作给他们情感需求与人生渴望；很多人生活以工作为重心，用成就感填补空虚，办公室取代家庭的地位，好友往往是同事。

嫁给工作的人，精力在工作上耗尽，回到家，跟配偶没有互动与交集，于是，感情不睦、隔阂感渐渐出现。

“没办法，公司的事情，我老公又听不懂，如果要讲一个小点，我还要解释整个面，很烦。”李琦宁愿跟同事分享工作上的心得。她跟先生成长的方向不一样，关心的议题不一样，两人的距离越来越大。她觉得“我同事对我很了解，但是我老公一点都不了解我”。

当家变成房子（house），而不是家庭（family），当最亲近的人不再是配偶，而是工作的伙伴，当嫁给工作的上班族，懂得向上管理、项目管理，业绩直线上升，回到家里，与配偶的感情却是直线下降，每况愈下，这时，该如何找到相同的频率与韵律？

耳鼻喉科医师黄国钦与皮肤科医师魏丽婷夫妻也面临着同样的外在压力，却找到了相处的频率与韵律。

看诊时间从早上9点钟到晚上9点半的他们，关在各自的诊室，灯号一亮，门开了，人们一个个进来诉说病情，日复一日，他俩的工作与生活既重复又封闭，而且因为科别不同，经验无法互相分享，话题也缺乏交集。

为了克服问题，黄国钦与魏丽婷沿用谈恋爱时互相写信的招式，把想要讲却不好意思讲的话写在信上，上班前交给对方。每个星期，两人会看两部到三部电影，而且，诊所打烊后，才去看午夜场。“我们本来就很喜欢讲话，看了电影，就有共同的话题可以讨论，也可以沟通很多对事情或人生的观念。”黄国钦说。

他们的做法，与彭怀真教授的建议不谋而合。

怎么做好夫妻的情趣管理？彭怀真建议，第一个原则：

增加更多的沟通与协调。把约会、相处的时间排在时间表里。勤业众信会计师事务所总裁魏永笃尽管工作再忙，每天都跟太太散步 1 个小时。

第二个原则：有效分配时间。“把电视关掉就有时间了！”彭怀真指出，看电视不仅不能让夫妻休养身心，而且被动地接受负面的讯息，夫妻可能会吵架。

第三个原则：做对方喜欢的事。比如太太陪先生看 NBA 球赛，先生看太太喜欢看的书，创造讨论的话题。

第四个原则：不要改变对方的习惯。工作的前提是改变，这是为了产生绩效；但是生活的重点是相处，不应该强势要对方改变，应该找出对方的节奏，增加相处的时间量，让量变产生质变，提升婚姻的品质。有人说重质不重量，问题是，没有量，哪里会有质？

情趣管理不可操之过急或要求高标准，既然大家都是平凡人，就该过平凡的生活，不需要 best，只要 better 就好。有进步就是好的开始，尽管自省与各种原则都可以增加夫妻的相处与互动，但是，美国前劳工部长罗伯·莱奇在《卖命工作的代价》一书中还是语重心长地指出：“要决定改变什么，并且确实地执行才是最困难的事。”看来，持续不断的执行力正是夫妻情趣管理的症结。